方位のパワーで
大開運

柴山壽子
方位学鑑定家

合同フォレスト

はじめに

これまで30年以上、方位学の鑑定家として、多くの方々の鑑定をしてきました。その開運法を紹介する本を出したい。そう思って執筆の準備を進めていた矢先、新型コロナウイルスが全世界で猛威を振るい始めました。

外出すること、人と話すこと、会食することなどに制限がかかり、これまで体験したことのない事態のなか、大きな恐怖や不安を感じた方も数多くいたことでしょう。

ようやくコロナ禍が収まるも、生活や価値観は大きく変わりました。ロシアやウクライナをはじめとする世界情勢の悪化、為替市場における円安、物価の上昇、異常気象など、私たちを取り巻く環境は依然として先行き不透明です。

「今後、どのように生きていったらよいか」と、将来に不安を抱えている方々もますます増えています。

けれど、このような状況にあっても方位学を活用して、幸せに生きている方々はたくさんいます。コロナ禍において、まったく土地勘のない場所に移転して飲食店を大成功させた方、引っ越しで精神的・経済的に大きく開運した方、大学附属病院から独立し見知らぬ土地で開業したにもかかわらず多くの患者さんに恵まれている開業医の先生……。方位学鑑定によって、たくさんの方が幸せを掴んでおられます。

こうした方々も、以前は絶望的な状況に陥り、不安や焦りを抱いて私の元に相談にいらっしゃったのです。方位学によって、世の中がどんなに不安定でも、誰でも、いつからでも、幸せに生きることができます。本書では、そのための方法を紹介しています。

どんなに世界や社会が変わっても、方位が持つ力は変わりません。不安定な世の中を幸せに生き抜くための一助として、本書をお使いいただけましたら、こんなに幸せなことはありません。

柴山壽子

目次

第2章　幸せへの近道は自分の「本命星」を知ること

第3章　本当のあなたはこんな人　「月命星」と「傾斜宮」

第4章　今すぐ開運体質になるために

第5章　引っ越しでさらに運気を上げる

第6章　幸せをあきらめない！　柴山流幸せの処方箋

序章

方位で人生が開けた！

あなたにはどんな望みがありますか？

・人生を開運させたい
・お金持ちになりたい
・幸福な結婚をしたい
・成功したい
・自分の夢を叶えたい
・健康になりたい
・独立したい
・家がほしい　　……etc.

あなた自身が運を開き、望みを叶えられるただ１つの方法が、「方位学」です。

コロナ禍でも飲食店を新規オープンし、売上は3倍に！

本書を手に取ってくださり、ありがとうございます。方位学鑑定家・柴山壽子と申します。30年以上鑑定を重ねている私のもとには、日々、たくさんの方から鑑定依頼が舞い込みます。

なかでも、「なんとかして願いを叶えたい！」という思いを強く持っている人ほど、すぐに結果を出しています。

なぜだと思いますか？

それは、彼らが素直に方位の力を受け入れ、すぐに動く人たちだからです。

最近の鑑定で印象的だったのは、コロナ禍にもかかわらず新店舗をオープンさせ、売上を3倍にも伸ばした40代の女性・Kさんです。

もともとKさんは都内のカフェで働いていました。

「いずれは自分のお店を持ちたい」という夢を持っており、そのためにも運気を上げたいと、鑑定を受けに来られたのです。

彼女はあるお店の店長を任されていたのですが、オーナーから売り上げが悪いと言われて悩んでいたのでした。

そこで私はまず、「2日間、北の方角に行って、よい運気を取り入れてくるといいですよ」と鑑定をしました。これは、「吉方取り（祐気取り）」といって、自分にとってよい方位に出向き、その場所の「気（エネルギー）」をいただくという開運方法の1つです。

「はい、わかりました！」

そう言ってKさんは、いつも通り吉方取りに向かったのですが、戻ってくるとすぐに、残念な知らせが入りました。

「勤め先のお店は閉店することになりました。でも、きっとこれも何か意味があることだと思っています」

そう言ってKさんは、前向きな気持ちを忘れずに、知り合いの仕事を手伝うなどして、新しい道を探していました。すると、1週間もしないうちに、「あなたにお店を借りてほしい」という人が現れたのです。

駅が近くて利便性が良く、敷金・権利金はなしという、破格の条件！　ただし、更新は

1年おきで、家賃10万円からのスタートということでした。

長年の方位学鑑定家としてのカンが、GOサインを出していました。

「Kさん、その話、いいわね。お店を借りて、ご自分で始めてみたらいいと思うわ」

「はい！　やってみます」

もともと飲食店での経験が長く、オーナーとしてお店を持つことが夢だったKさんに、思いがけない形で幸運が舞い込みました。そして、2020年7月、おばんざいのお店をオープン。

ここで尻込みしたりせず、さっと幸運の神様の前髪を掴めたのも、これまでKさんがコツコツと吉方取りをしてきたおかげだと思いました。

案の定、そのお店をオープンしてからというもの、連日大盛況。

私も実際に伺いましたが、本当にたくさんのお客様がいらっしゃっていました。

ところがその翌年、Kさんが浮かない顔をして事務所にやってきました。

「先生、どうしよう。オーナーさんから、『来年の更新の予定はないので、申し訳ないけれど7月末で出てほしい』と言われてしまいました」

そこで新たに方位を見ながら、次の物件を探すよう、Kさんに伝えました。

1人でお店を切り盛りしながら、Kさんは空いた時間を使って懸命に物件を探しました。

ところが、なかなかめぼしいものが出てきません。

2021年6月のある日、とうとうKさんから連絡が入りました。

「どうしても物件が見つからないので、自宅でテイクアウト専用のお弁当を作ろうかと思っています」

けれど、私はこう伝えました。

「いや、もう少し待って。もう少し探してみて」

鑑定家としてのカンが、物件はあるといっていたからです。

起死回生で掘り出し物件と巡り合えた！

けれど時間だけが過ぎ、とうとう7月になってしまいました。月末には立ち退かなければなりません。

Kさんはすっかり意気消沈していたので、7月9日、事務所に来てもらいました。

机の上に都内の大きな地図を広げ、Kさんにとってよい方角へすーっと指を動かし、

「はい、ここ」と止めました。

「え、ここですか？」

ポカンとするKさん。そこは自分には馴染みのない、湯島・秋葉原エリアだったからです。そんなKさんの目をしっかりと見つめながら、こう伝えました。

「今からここに行って。このあたりに不動産屋さんがあるから、尋ねてみるといいわ」

すぐに事務所を出て行ったKさんから、1時間もしないうちに電話がありました。ものすごく弾んだ嬉しそうな声でこう言ったのです。

「言われた不動産屋さんに入ったら、テレビドラマ『相棒』に出てくる小料理屋のように素敵な内装の物件がありました！　1000万円かけたという内装費の負担はゼロ。しかも家賃はまけてくれるって」

「すぐ、そこに決めて！」

こう伝えて、私はすぐに物件の契約の日取りを鑑定しました。目に見えない大きな力に突き動かされるようにして、7月15日に契約を済ませ、8月2日に仮オープン。景気が低迷していた時期、しかもコロナ禍にもかかわらず、Kさんは好条件で新たなお店を始める

ことができたのです。

後日、聞いたところによると、新店舗となった物件は、別の人が借りることになっていたものの、急に断りの連絡が入り、不動産屋さんが困っていたところ、Kさんが「このあたりに、飲食によい物件はありませんか？」と、店に飛び込んできたのだとか。まさに神《かみ》業《わざ》のようなタイミングだったのです。

さらによいことに、新店舗の周囲には大学病院などが多く、お客様には医療従事者が多いとのこと。Kさんが1人で切り盛りしていた最初の店と比べ、現在はひと月の売上が3倍にもなっているといいます。

その後もKさんは、休みの日に吉方取りの旅行などしながら、着実に開運の道を歩んでいます。

あなたもKさんのように、人生を立て直してみませんか？

それを簡単にできるのが、方位学です。本書では、明日からでもすぐにできる開運方法もお伝えしていますので、ぜひ参考になさってください。

実は私も方位学には半信半疑でした

今、あなたはどんな毎日を過ごしていますか？　夢は？　希望は？　これからどんな人生を歩みたいですか？

きっと、なにかしら思うところがあって、この本を手にしてくださったのだと思います。そんなあなたは、本当にラッキーです。なぜなら、この本には、実際に行えば必ず幸せになれる方法を、たくさん詰め込んでいるからです。

「でも……方位で本当に幸せになれるの？」

そう思う方はきっと多いでしょう。何を隠そう、私自身も最初はそうでしたから。

私は茨城県土浦市で生まれました。父親が事業を営んでいたこともあり、裕福な時代もありましたが、経済的にどん底を味わったこともありました。家庭内は比較的複雑な環境だったため、自然と人と人とのつながりや幸福・不幸などについて考えることの多い子ども時代だったように思います。

思春期になると占いに興味を持ち、「姓名判断」「カード占い」「算命学」「西洋占星術」

など、幅広いジャンルを独学で学びました。

そして二十歳を過ぎた頃、人生が大きく動き始めたのです。心を通わせる男性と出会い、彼の両親の反対を押し切って結婚。数年後には娘を2人もうけました。ところが、私たち夫婦は引っ越すことがとても多かったのです。一度引っ越してもなぜか落ち着かず、また引っ越して……ということを重ねていました。


夫は当時10万人に1人という難病、クッシング症候群にかかり、大学病院で手術を受けていたのです。結婚後も入退院を繰り返していましたが、思うように体調はよくなりません。


なんとかよくなってほしい。この一心で、家のお祓いをしたり、改名したり、先祖供養をしたりと、いろいろな手を尽くしました。

けれど、いっこうによくならなかったのです。

さらには、母親が交通事故に遭い、突然の他界。父親も交通事故に遭い、頸椎を損傷してしまったため、寝たきりの生活が数十年続きました。そして結婚12年目に夫が他界。享年37歳でした。

その後も不幸が続きました。寝たきりの父と2人の娘を養うため、さまざまな事業に取り組みましたが、その間に4度も私自身が交通事故に遭ったのです。

こんなに不幸が続くということは、何かあるのではないか。

そう思っていた矢先に出合ったのが、方位学でした。

「吉方に動くだけで本当に運が開けるのだろうか」

「方位でこの不幸が幸せに変わるものなのだろうか」

学び始めた頃は半信半疑でしたが、ある日「これはもう、自分で体験して確かめていくしかない！」と決意。そして、吉方へ動くことを続けているうちに、本当に私の人生は好転していったのです。

方位学という学問を研究すればするほど、その奥深さに感嘆し、鑑定家として30年以上、多くのお客様を方位の力で幸せな人生へと導いてまいりました。方位の力のすごさも自分で体験し、多くのお客様の鑑定にその体験を生かす中で、鑑定家としての実績、そしてカンも確固たるものとなっていきました。これらのことから編み出した方位の極意を皆様にお伝えし、幸せな人生に向かうための処方箋として、本書をご活用いただけたらと思っております。

体感から実感へ　方位学だけが運命を変えられる！

でもなぜ方位の力は、私たち人間の運命を変えるほどの力を持っているのでしょうか。

人も動物も日常生活の基本は「**動く**」。動かずに生きていくことはできません。

そして、ひとたび動けば、さまざまな出来事に遭遇したり、いろいろな人に出会ったりします。そこには、よいことも悪いこともあるでしょう。

実は、「**移動した方角**」「**タイミング**」と「**幸運・不運**」には、深い関係があります。簡単に言うと、「いつどこへ動いたか」、これがのちのちの幸・不幸と深く関わってくるのです。たとえば、結婚して夫婦となり、一緒に住む場合、その結婚が幸せなものになるか不幸なものになるかは、いつ、どこの新居に入ったかが、大きく関係します。

ビジネスも同じです。事業の拡張を目指し、新たな土地に事務所を構える場合、前の事務所があった場所から、いつ、どの方位に移るのかで、その会社の業績が大きく影響を受けます。

移る時期や方位で、よくも悪くもなるのです。ならば、よくなる方向へ動きたいですよね。方位学は、その人にとってよい結果を招くタイミングと方位を教えてくれます。

世の中にはさまざまな占いがあります。その多くは、自分が持って生まれた運命や運勢、性格、人との相性など、生きるための指針を教えてくれるものですが、残念ながらその先までは教えてくれません。持って生まれた運には、人は抗えないと思っています。だから、運の悪さを最小に抑えることはできても、不運を幸運に変えることは不可能だと考えます。

しかし、自ら運命を切り開く方法というのは、あります。それが**方位学**です。

方位学の根底には、**「人は自分の運命を変えることができる」**という思想が流れています。方位学では星の動きを読み取ることで、私たちの運命を司る星に対し、さまざまに働きかけることができるのです。

たとえば、今、あなたはどんな望みを叶えたいですか？　受験に合格したい、結婚したい、出世したい、経済的に豊かになりたいなど、さまざまな望みがあると思います。方位学を活用すれば、これまで「ついていない」人でも、望みを実現し、「ついている」人へ運を変えることができるのです。

そのため、方位学は「**運命を動かす学問**」といわれています。

お金や仕事、恋愛、結婚、家庭運、対人関係……人の悩みに終わりはありません。中身はさまざまであっても、ほぼすべての人の願いは「幸せになりたい」、これに尽きます。

あなたの幸せの形はどのようなものでしょうか？

どんな悩みも不幸も、消え去って幸せが手に入る。

「方位学」はあなたの人生を明るく照らす「希望の光」といえるのです。

第１章
なぜ方位学は
運命を変えられるの？

方位学は自然界の「気」を読み解き開運するための学問

私たち1人ひとりの運を切り開いていくために活用できる方位学。

ここからは方位学の基本についてお伝えしましょう。よい方角を利用して、私たちが開運できる仕組みがわかるようになります。

まず知っておいてほしいのが、私たちが住むこの地球や宇宙には、一定の法則でさまざまなエネルギーが循環しているということです。

たとえば、必ず太陽は東から上がり、西に沈むというのがその一例です。

また、方位学ではこうした法則を、後述する「陰陽」「五行」「九星」などの動きから読み解き、それぞれから生まれるエネルギーを「気」と呼んできました。

もともと中国の思想では、「気」は宇宙を構成するもっとも基本的な物質とされてきました。目には見えない微細な「気」は、動いて変化し続けることで、宇宙や自然界におけるあらゆる現象をつくり出しているといわれています。

ところで、この「気」とはどのような動きをしていると思いますか？

海の中で起こっている「海流」を想像してみてください。海流は休むことなく、一定の法則をもって動いていますね。

昔から船乗りや漁師たちは、その動きからさまざまなことを読み取り、航海や漁業に活用してきました。とくに荒天時は、流れを読み間違えると遭難や事故につながりかねません。慎重かつ正確に読み取れる者だけが、生き残ってきました。

けれど、海の近くに住んでいたとしても、海流を意識していなければ、何も読み取ることはできませんね。普段の私たちは、これと同じ状態にあるのです。

それでも、近年の気象観測技術の発達により、私たちはあらかじめ気の流れの一種、「気象」をかなり正確に知ることができるようになりました。

天気予報を確認し、「午後から雨か。傘を持っていこう」「夕方から冷え込むから、上着を持って出よう」など、天の気である「天気」の変化に備えることができていますよね。

これと同じように、人生の流れにおいても、気の動きを読み解くことができたら、失敗や挫折を避けることができます。

そして、その動きに合わせて自分が動くことで、運を大きく開くこともできるのです。

宇宙や地球は「陰陽」のエネルギーでできている

方位学では、エネルギーを読み解くとき、古代中国の思想の1つ「陰陽」説が用いられています。これは天文学、医学、気象学、科学など、さまざまな学問に深く関わる考え方のこと。宇宙におけるすべての物事は、「陰」「陽」という相反する性質のエネルギー（気）のバランスによって成り立っていると、考えられています。

陰陽説では、この世のすべての物事が生まれ、成長し、変化し、衰退していくのは、そのものを構成する「陰」「陽」の相互作用によるといわれています。この陰陽は、プラスとマイナスというようにも考えられ、1つのものには必ず両方の側面があります。

たとえば、人間であれば男性（陽）と女性（陰）。宇宙であれば天（陽）と地（陰）、太陽（陽）と月（陰）。さらに、1日には必ず朝（陽）と夜（陰）があり、空間は明（陽）と暗（陰）に分かれ、温度には熱（陽）と寒（陰）があります。また、物事には動（陽）

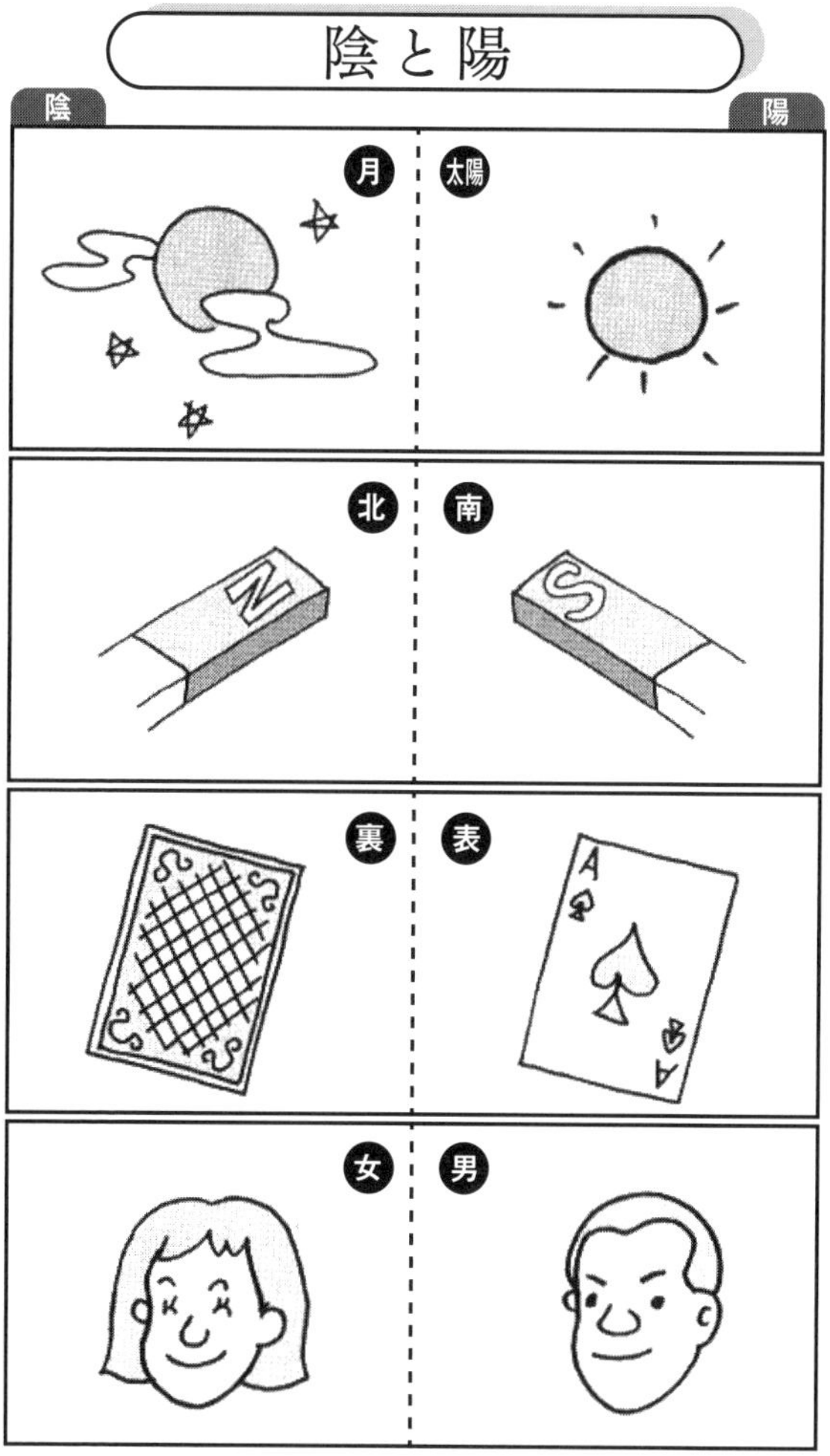

1-1　太陽・月、南・北、表・裏、男・女など

と静（陰）、剛（陽）と柔（陰）という側面がありますね。

すべて、どちらか一方だけではなく、両方あることで成り立ち、存在しています。方位にも、こうした「陰陽」のエネルギーがあり、それぞれの気が大きく作用します。

森羅万象を循環させる「五行」のエネルギー

先述した「陰陽」の気が交じり合って生まれたのが、「五行」のエネルギーです。

五行とは「木・火・土・金・水」という5つの元素を意味します。

これらは樹木や炎、畑の土など、具体的な物質を表すと同時に、もっと大きな視点から、それぞれの形態や性質を表しています。


たとえば、春になると草木が生い茂り（木）、夏になると灼熱の太陽が輝き（火）、季節が入れ替わる土用の時期があり（土）、収穫や実りの秋が訪れ（金）、冬の厳しい寒さを耐え忍び（水）、やがてまた春が訪れて（木）……というように、すべての物事は五行のエネルギーで構成され、動き続けています。

なお、五行のそれぞれが持つエネルギーを「木気」「火気」「土気」「金気」「水気」と呼び、総称して「五気」といいます。これらには次のような特性があります。

・**木（木気）** 季節は春。すくすくと伸びやかな特性。万物が生長する暖かな気があり、物質としては樹木や木製品を指します。

・**火（火気）** 季節は夏。旺盛な生命力。照りつける日差しのような暑い気があり、火や輝く光などを指します。

・**土（土気）** 季節は四季の変わり目である土用。湿った気を持ちます。土全般の作用を表し、育成と腐敗という相反する性質を持ちます。

・**金（金気）** 季節は秋。性質は冷徹、堅固、確実。作物を実らせる涼しい気があり、物質としては鉱物やすべての金属を指します。

・**水（水気）** 季節は冬。性質は命の泉、体内、霊性。水が流れる冷たい気があり、物質としては水や流れるもの、すべての液体を指します。

五行におけるエネルギーの在り方～「相生《そうじょう》」と「相剋《そうこく》」

五行はそれぞれが影響を与え合っています。自然界の摂理に基づいて、共存共栄し合える関係を「相生」、互いに切磋琢磨して磨き合う関係を「相剋」といいます。

それぞれがどのような相性になっているかは、木・火・土・金・水の性質をイメージするとわかりやすいでしょう。

①「相生」（＝共存共栄）の関係

1つの気が別の気を生み出すというプラスの関係を「相生」といいます。新たに生み出すという性質から、親子関係にもたとえられます。

・木が燃えると火が生じ（木生火）
・火が燃え尽きると灰が土にかえり（火生土）
・土は固まって金属を生じ（土生金）

五気の相生関係

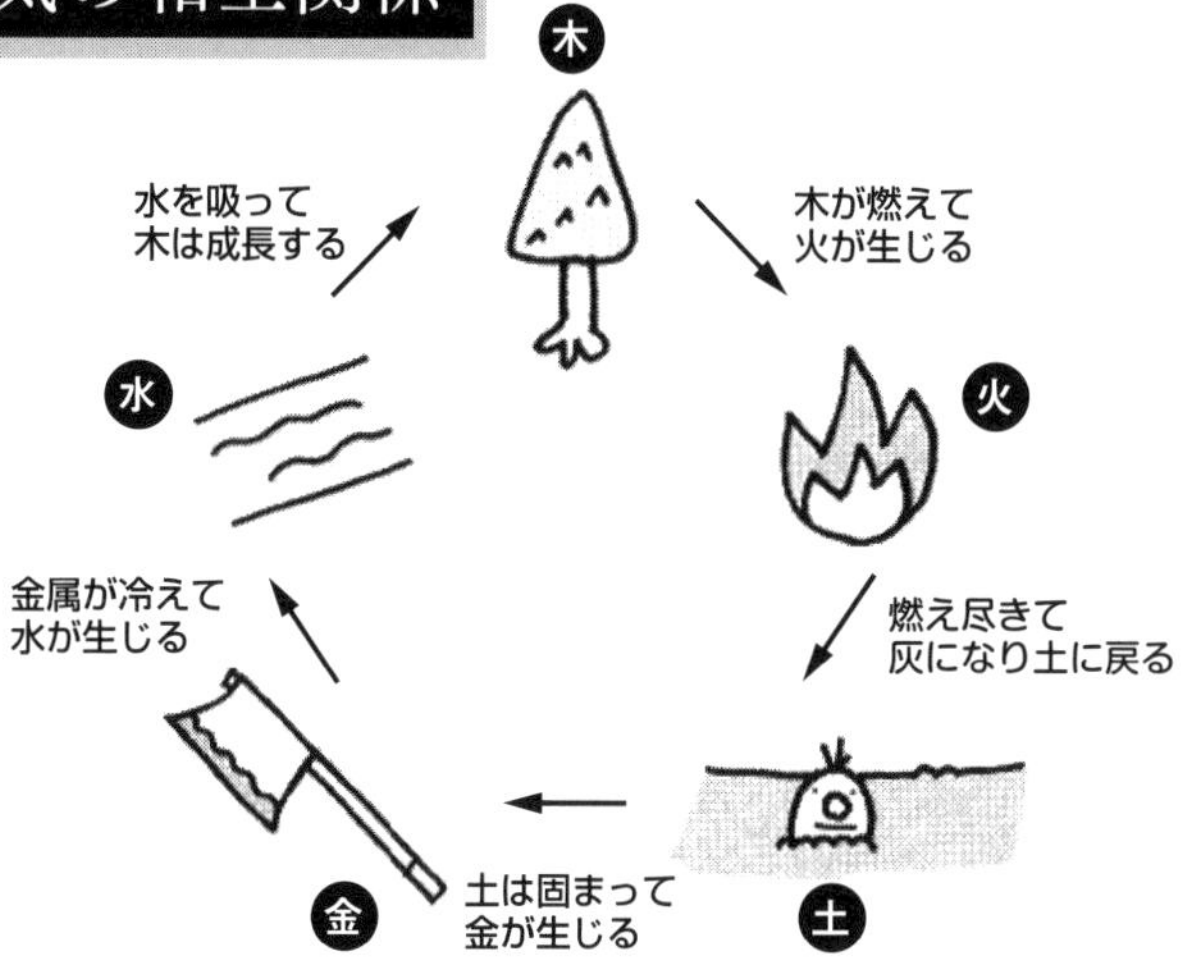
木
水を吸って
木は成長する
木が燃えて
火が生じる
水
火
金属が冷えて
水が生じる
燃え尽きて
灰になり土に戻る
土は固まって
金が生じる
金
土

五気の相剋関係

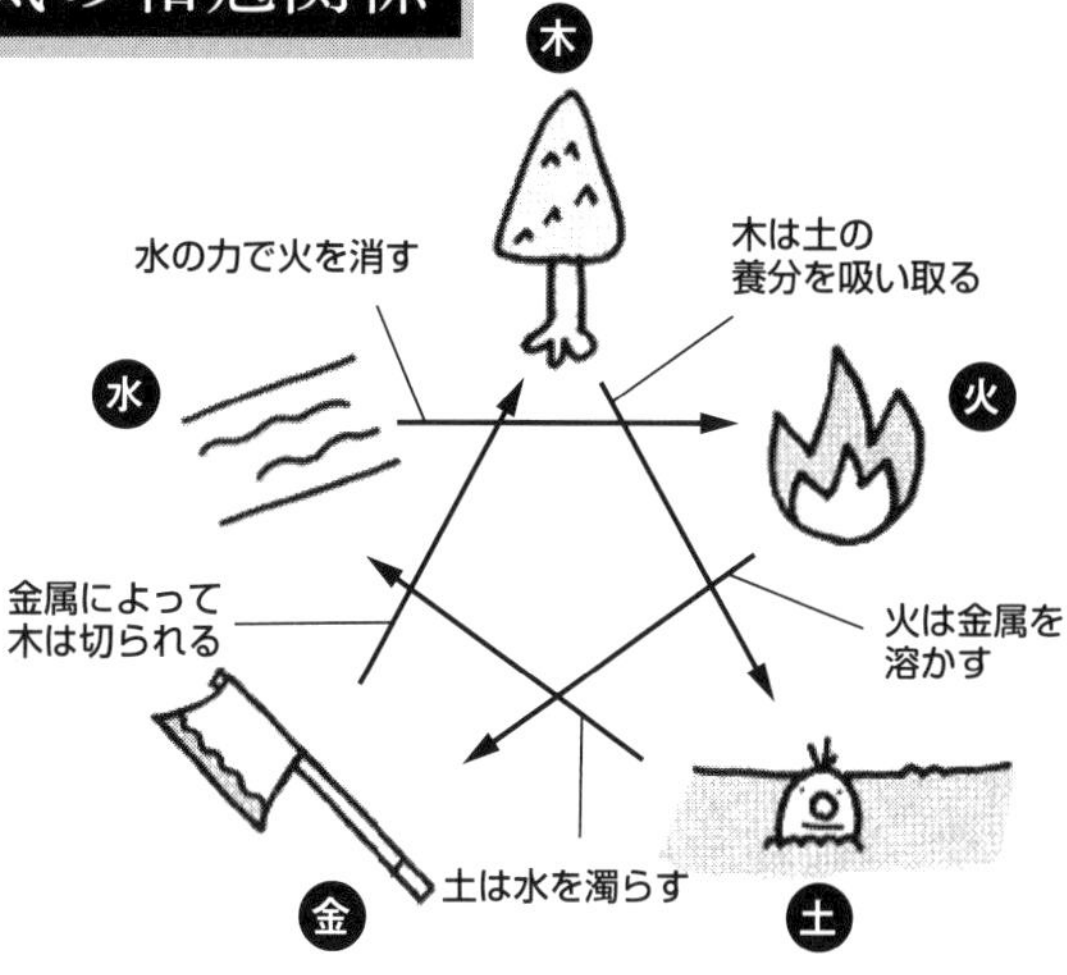
木
水の力で火を消す
木は土の
養分を吸い取る
水
火
金属によって
木は切られる
火は金属を
溶かす
土は水を濁らす
金
土

1-2　相生・相剋

・金属は冷えると表面に水分を生じ（金生水）

・水は木を成長させる（水生木）

相生の関係では、生む側が生まれる側にとって「親」となります。つまり、火にとっての木、土にとっての火、金にとっての土、水にとっての金、木にとっての水は「親」になるので、「子」からすると一緒にいると心地よく、元気をもらえる存在となります。

その逆は「子」になるので、木にとっての火、火にとっての土、土にとっての金、金にとっての水、水にとっての木は、何かと気にかけたり世話をしたりしてあげたくなる、「子」のような存在となります。

②「相剋」（＝切磋琢磨）の関係

相手の性質を刺激し、互いに磨き合うことで高め合う関係を「相剋」といいます。

・木は土の養分を吸い取って生長し（木剋土）

・火は金属を溶かし（火剋金）

・土は水をせき止めたり濁したりし（土剋水）
・金属でできた刃物は木を切り（金剋木）
・水は火を消す（水剋火）

相剋の関係では、剋するより剋されるほうが、より刺激の度合いが強くなります。この刺激というのは、自分とは異なる性質のため、相手のことが理解しづらいほど強くなります。つまり、土にとっての木、金にとっての火、水にとっての土、木にとっての金、火にとっての水は「かなり苦手な存在」、その逆は「やや苦手な存在」となります。

この刺激は避けるべきものではなく、これを克服するほどに、自分の魂が磨かれていくので、挑戦すべきものと捉えてくださいね。

なお、木と木、火と火のように同じ「気」の場合は、似た者同士で可もなく不可もない関係になります。ただ、性質が似ているため、関係がこじれるとかえってうまくいかない場合もあります。このように、五行のエネルギーはあらゆる事象に関わっており、私たちの日常生活や人生の流れに、さまざまな影響を及ぼしているのです。

方位と九星から幸せの処方箋を導き出す

では次に、五行から生まれた九星のエネルギーについてご説明しましょう。

九星とは、次のように五行のエネルギーを9つに分けたもののことです。たとえば一白水星は水の星になるので、五行でみると「水」の気が色濃く出る星ということになります。

方位が持つ象意（季節、時間、事象、性質など）を読み解くことで、その人が幸せになるための処方箋を導き出すことができます。なお、「帝王の星」とも呼ばれる五黄土星は、特定の方位を持ちませんが、五行でみると「土」の気が色濃い星となります。

・北　一白**水**星（いっぱくすいせい）＝「水」の気が色濃い星
・東北　八白**土**星（はっぱくどせい）＝「土」の気が色濃い星
・東　三碧**木**星（さんぺきもくせい）＝「木」の気が色濃い星
・東南　四緑**木**星（しろくもくせい）＝「木」の気が色濃い星
・南　九紫**火**星（きゅうしかせい）＝「火」の気が色濃い星

・西南　二黒土星（じこくどせい）＝「土」の気が色濃い星
・西　七赤金星（しちせききんせい）＝「金」の気が色濃い星
・西北　六白金星（ろっぱくきんせい）＝「金」の気が色濃い星

私たちを取り巻く世界には、「陰陽」「五行」「相生・相剋」など、目には見えないエネルギーがあることが、おわかりいただけたと思います。

それぞれの方位が持つ九星の象意にも、これらが深く絡んでおり、各方位のエネルギーが私たち人間にとって、よい影響を与えることもあれば、悪い影響を与えることにもなるのです。

こうした方位のエネルギーをうまく使いこなすことが、幸せへの近道となります。

ただし、ご注意いただきたいことがあります。これらの方位だけを見て、「お金を貯めたいから、週末は西北に旅行しよう！」などと、早合点しないでいただきたいのです。

吉方位に出向いてその方位のパワーを授かる「祐気取り」をするには、さまざまな情報を整理し、その人にとって最適な方位を割り出す必要があります。この作業をせずに動くと、逆に凶作用を呼び込むこともあります。

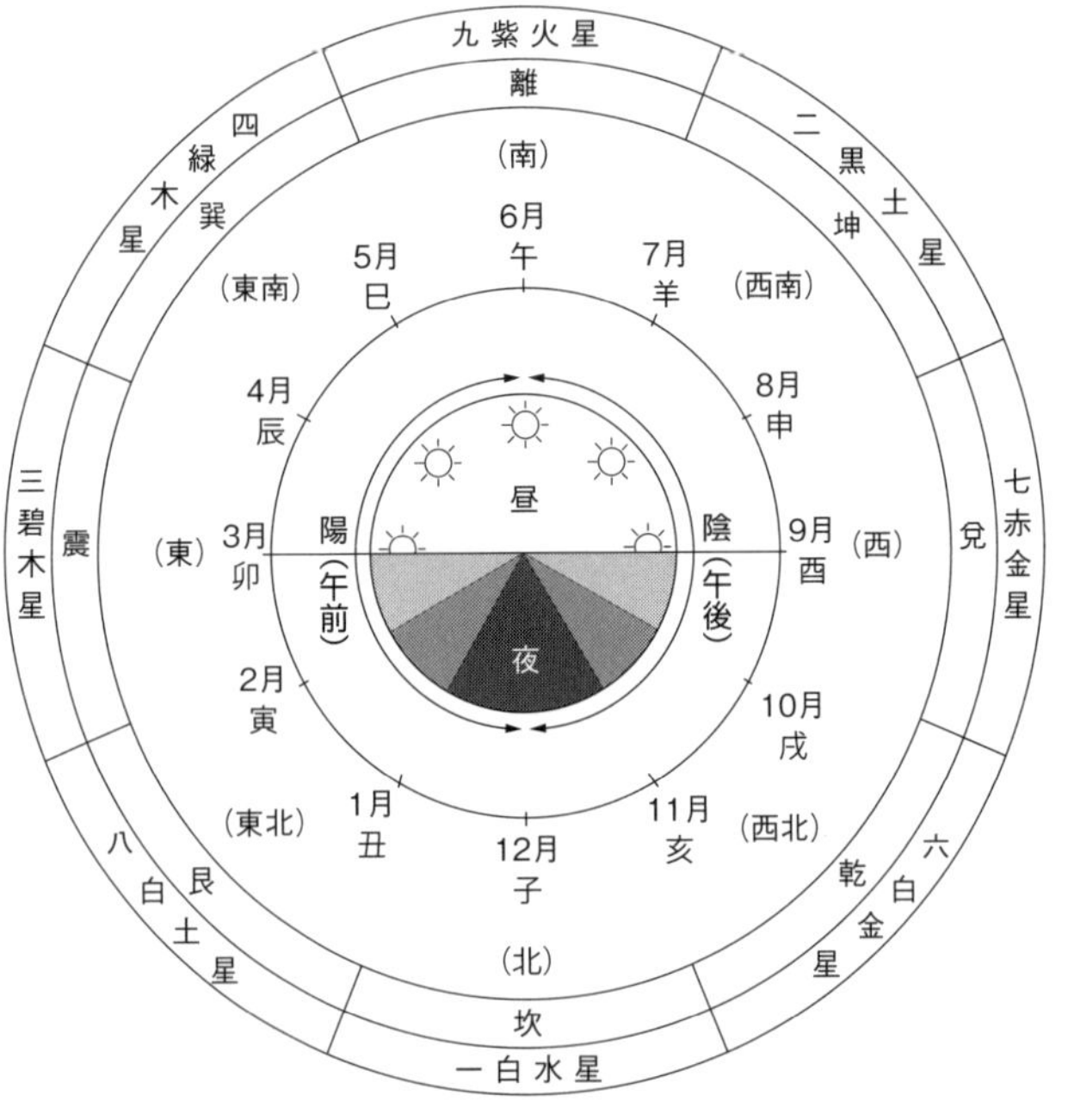

1-3　方位と九星が持つ象意との関係

実際に、動いて幸せになるための処方箋は、後ほどお伝えしますので、ここでは各方位が持つ意味や性質についてのみ、ご理解いただけたらと思います。

・北（一白水星） 夫婦円満、健康運、部下運

真冬の12月を表す北に、一白水星が配置されています。

1日の中では23～1時の間が、1日の終わりと始まりが交差する陰陽の時間帯とされています。

一白水星には「水」の象意があり、水は高いところから低いところへと流れます。

そのため、方位学で使う方位盤では一番下に北が位置しています（「1－3 方位と九星が持つ象意との関係」参照）。通常の方位磁石や地図などと、北の向きが逆になるのが面白いですね。

なお、この方位は家庭・夫婦円満、子ども運、健康運、部下運に関連しています。そのため、吉方取りなどで北に行くと、家庭、夫婦、子ども、健康、部下に関する悩みごとの解決に役立ちます。

また、隠しごとに関する象意が多いため、「秘めごとの方位」ともいわれています。

【象意】沈没する、流れる、濡れる、悩み、思う、考える、眠る、落ち着く、物事を始める、仲人、仲介、部下、親愛、情交、密会、性器、秘密、連絡、失くしもの、穴、裏、隠す、ギャンブル、将来、安定、住居、中年男、ボールペン、万年筆、酒、ビール、コーラ、ジュース、海、湖、プール、温泉、キツネ、ブタ、寒椿、福寿草、水仙

・東北（八白土星）　家族、子ども、兄弟、相続運

1〜2月の寒い時期を表す東北に、八白土星が配置されています。1日の中では、午前1〜5時という静かで暗い、夜明け前の時間帯となります。

1月は旧暦の12月にあたり、1年で一番寒い季節。そして2月になると自然界は春を迎える準備を始め、植物も冬眠していた動物たちも土の中で動き始めます。そのため、東北は「変化の方位」といわれています。このほか、八白土星には、小高い「丘」や「山」など、平地より少し高い土地という象意もあります。

この方位には家族運があるため、家族間の問題解決や絆を深めたい場合に出向くとよいでしょう。また、相続や不動産運があります。貯蓄という象意もあるので、お金を貯めたいときにも効果的です。

【象意】変わり目、継ぎ目、山、高台、土手、石垣、門、玄関、家、階段、中止、閉店、整理、改革、復活、再起、不動産、相談、財運、住居、親戚、知人、兄弟、子ども、家庭、ホテル、旅館、デパート、牛肉店、毛皮店、ロープウェー、ケーブルカー、牛肉、数の子、イクラ、牛、寅、鹿、果実、タケノコ

・東（三碧木星）　才能、発展、技術運

すべてのものが新しい生命を受け、すくすく育つ3月を表す東に、三碧木星は配置されています。1日でみると5〜7時。ちょうど太陽が顔を出して1日が始まる、さわやかな早朝にあたります。

季節的には、水が温かくなり始め、植物は芽吹き、土から虫たちが顔を出すような時期にあたるので、学生や働き盛りの若い人たちが東の方位に出向くと、成績アップや受験合格、業績アップにつながります。

この方位には才能、技術運があります。また、お酒に強くなりたい人にとっても、よい

第1章

方位とされています。

【象意】発展、伸びる、希望、進出する、繁栄、騒々しい、激しい、動く、花火、電気、音、音楽、評判、宣伝、明朗、新しい、若い、長男、スピード、声、肝臓、喘息、神経、リウマチ、短期集中、電話、楽器、音楽、パチンコ店、レモン、オレンジ、みかん、鈴虫、松虫、蛍

・東南（四緑木星）　信用、結婚、事業運

1年でもっとも過ごしやすい4〜5月を表す東南に、四緑木星は配置されています。自然界においては、双葉から本葉が伸びてくる時期です。1日でみると午前中の7〜11時。日差しが強くなり、布団や洗濯物を干すのに最適な時間帯です。

東南は物事が整う「信用の方位」のため、大きな取引や事業を始めるときは、この方位が有効です。

遠方との取引、対人関係、信用の方位でもあり、「福運の通り道」ともいわれる大事な方位ともいわれています。

お見合いを成功させたいときも、この方位が力を発揮します。

【象意】信用、友情、世話、交際、出入り、商売、完成した品物、物事が整う、通信、交通、遠方、旅行、飛行機、手紙、飛ぶ、迷う、行き違い、腸、風邪、呼吸器系、気管支、長女、外交官、出版業、そば店、仲介、マカロニ、うどん、キリン、ヘビ、トンボ、薔薇、百合、ヘチマ、松

・南（九紫火星）　地位、名誉、出世運

1年および1日のちょうど中間点にあたる6月や11〜13時を表す南に、九紫火星が配置されています。

1年でみても1日でみても、どちらも頭上で太陽がさんさんと輝くときです。まるでスポットライトを浴びているような状態となり、よい意味でも悪い意味でも目立ちます。そのため、隠しごとがばれてしまう可能性もあります。

1日の中では午前から午後、つまり陽から陰への変わり目にあたるため、「離」の作用があります。「離れる」「分ける」という意味があるので、ストーカーから逃れたい、離婚したいなどの場合は、この方位に出向くとよいでしょう。人に注目されたいとき、もっと美しくなりたいとき、好きな人に思いを伝えたいときなどにも、この方位は有効です。

【象意】美しいもの、華美、輝く、装飾、外見、化粧品、美容、教育、学問、発見、先見、名誉、文書、印鑑、裁判、別離、悪、切断、争い、激しい、薬、手術、中年女、デザイナー、ダンサー、タレント、海苔、貝類、サンドイッチ、馬、クジャク、熱帯魚、榊、南天、牡丹

・西南（二黒土星）　妻、親戚、勤め運、朋友運

7～8月の晩夏にあたる西南に、二黒土星が配置されています。残暑は厳しいものの、大地にはそろそろ日の陰りが見え始める時期です。

1日の時間帯でみると13～17時にあたり、少しずつ日が傾き始め、布団や洗濯物を取り込む時間にあたります。

二黒土星には母なる大地のような作用があるため、家庭運がある方位です。また、一生の友達ができる方位、女性の方位でもあります。

不動産の象意があるので、家や土地を買うときは、この方位に出向くとよいでしょう。営業成績を上げたい人も、この方位に行くと効果的です。

【象意】大地、平らな土地、田畑、農業、地味、田舎、農夫、庶民、大衆、労働者、不動産、母、夫人、老婆、舅、古い、骨董品、伝統、民芸、長引く、鈍い、遅い、夜、粉、セメント、胃腸、子宮、真面目、黒幕、女房役、副社長、麦類、おもち、豚肉、牝馬、牝牛、猿、ワラビ、黒檀

・西（七赤金星）結婚、金運

実りの秋であり、育った作物を収穫する9月を表す西に、七赤金星が配置されています。1日でみると17〜19時で、ひと昔前の日本なら、家族揃って夕飯をいただく時間帯でした。豊かな収穫に恵まれ、食べ物には困らない方位です。また、収穫したものを売ってお金に換えられることから、金運がある方位でもあります。

ただし、七赤金星の金運は「動きのあるお金」といわれ、収入はあるけれど支出も多く、貯まりにくい金運です。

豊かに実が採れて食べることに「飽きない」ことから、「秋」「商い」「口」という象意も持ちます。飲食店街でも西口のほうが比較的栄えているのは、こうした象意があるからなのです。なお、西は恋愛の方位でもあるので、恋愛成就や結婚相手とのご縁を引き寄せたいときも、この方位に出向くのがおすすめです。

【象意】飲食店、食事、紙幣、金銭、金融、利息、銀行、信用金庫、儲ける、贅沢、喜びごと、趣味、歌う、色情、妾、不注意、不足、背信、ホステス、弁護士、歯科医、キャビンアテンダント、少女、ラブホテル、サウナ、トランプ、麻雀、冷蔵庫、鶏肉、玉子、チョコレート、ワイン、水鳥、ニワトリ、羊、萩、月見草、秋の七草

・西北（**六白金星**）　**夫、資金、援助運**

初冬を迎え冬支度が始まる10～11月を表す西北に、六白金星が配置されています。1日でみると19～23時で、食後のくつろぎの時間にあたります。

この方位は「主人の方位」でもあります。昼間、会社で一生懸命働いてくれているお父さんが、仕事や家庭で大いに存在感を示せるよう、家の中ではこの西北に父親の書斎などを配置するのがおすすめです。
なお、七赤金星とは異なり、六白金星の金運はお金が貯まります。蓄えた大金を元手に投資もできます。この方位には事業や投資運、ギャンブル運があり、経営者にとってはとても大事な方位。商談をまとめたい、事業を成功させたい、宝くじを当てたいときに有効です。

【象意】神社仏閣、信仰、先祖、老人、祖父母、目上の人、主人、首相、大統領、宝石、投資、勝負、決断力、度胸、争い、戦争、大きい、実力、動く、交通、自動車、飛行機、冒険、健康、頭痛、歯痛、社長、会長、校長、政治家、財運、高級食物、龍、ライオン、牝馬、菊、果樹、ご神木

第2章
幸せへの近道は自分の「本命星」を知ること

あなたの運は「先天運」と「後天運」でできている

あなたは自分のことを「運がいい」と思いますか？　それとも、「運が悪い」と思いますか？

運というのは、天から与えられたもの。そして、自分の力ではどうにもできないものというイメージを持っている方が多いと思います。

けれど、本当にそうでしょうか。

実は、運がいい人は、運気が上がるような言動を無意識のうちに取っています。その逆もまたしかり。運が悪い人は、なぜか運気が落ちるようなことを知らないうちにやっているのです。

そう、運の良しあしは偶然から生まれるのではありません。

私たち人間を動かしている「気(エネルギー)」が、そうなるように動いたから、ラッキーもしくはアンラッキーな現象が起こっているだけなのです。

では、この運を上げていくにはどうしたらよいでしょうか。これからがっちり運をつかんでいくためにも、まず「先天運」と「後天運」についてご説明しましょう。

私たちが生まれながらに持っている運命を「先天運」といいます。この世に生まれた瞬間、そのときの「気」が胎内に宿り、先天的な運命が決まります。生まれた家、親の人間性、周囲の環境などの違いは、この先天運からきています。

貧しい家に生まれることもあれば、裕福な家に生まれることもあります。虐待をするような親の場合もあれば、優しく育ててくれる親の場合もあります。けれど、こうした先天運だけで人生の良しあしが決まるわけではありません。

この先天運にさまざまな形で後天的な要素が加わることで、人の一生は築かれていきます。後天的な要素によって、大きく運命を変え、どんどんと運気を高めていくことも十分可能です。生まれた後についてくる運を「後天運」といいます。金運、健康運、恋愛運などはすべて後天運です。そして、これはあなたが住む場所、日頃の行いや考え方など、さまざまな要因によって変化します。

私たちの人生の大枠を「先天運」がつくり、その大枠に沿った細かな人生の流れを「後天運」がつくっているのです。先天運は変えることができませんが、後天運は自分次第でいかようにも変えることができます。この後天運を磨いて幸せになるには、もともと自分がどんな運を持っていて、どのような性格や考え方なのかを知る必要があります。それを知る鍵が、あなたが生まれ持った星に隠されています。この星の中でもっとも重要なのが「本命星」です。これを知ることで、どのようなことがわかるのでしょうか。

「本命星」を知れば、基本的な性格と運命の流れがわかる！

あなたが生まれたときの「気」を決めているのが「本命星」です。人の基本的な性格や運命の流れを形作っているのがこの星です。方位学では、一白水星、二黒土星、三碧木星、四緑木星、五黄土星、六白金星、七赤金星、八白土星、九紫火星という9つの星が持つエネルギーを読み解き、その人の運勢をみていきます。

これらの星は天体に浮かぶ星ではなく、その年の「気（エネルギー）」という意味合いが強く、星座や天文学とは関係ありません。

この9つの星を九星（きゅうせい）と呼びます。すでにご自分の星の名前を知っている方がいらっしゃるかもしれませんね。けれど、自分の星を知っているだけではもったいない！

自分の本命星からのメッセージを受け取り、日々の生活の中で活用しましょう。そうすることで後天運が高まり、幸せな毎日を送れるようになります。

なお、人の運命を決める星の出し方は、生まれた年、月、日によって変わります。今お伝えした「**本命星**」は、生まれ年から割り出します。生まれた月から割り出す星を「**月命星**」、生まれた日でみる星を「**日命星**」といいます。

方位学ではその人の「本命星」と「月命星」をベースに鑑定を進めます。本書では人間の人生に大きく作用する「本命星」と「月命星」を中心にお伝えしていきます。

まずは「本命星」について説明しましょう。次にお見せする「2－1　本命星早見表」から、あなたの本命星を探します。

ただし、1年の終わりと始まりに注意してください。本命星をみるときは「旧暦」を使います。旧暦では1年の始まりが立春（おおむね2月4日）、終わりが節分（おおむね2

月3日）です。つまり、同じ１９７３（昭和48）年生まれの人でも2月4日以降に生まれた人は「九紫火星」、2月3日以前に生まれた人は前年の「一白水星」となります。

なお、早見表の中で、☆印の年は1日ずれて2月5日から始まり、2月4日に終わるので注意してください。たとえば１９８４（昭和59）年2月5日以降の人は「七赤金星」、2月4日以前は「八白土星」となります。◇印の年は2月3日から始まります（2月2日が節分）。

ご自身の本命星がわかったら、各星についてのページを読み、自分はどのような性質を持っているのか、その特徴を把握しましょう。まだ自分でも知らない、新たな一面に気づかれるかもしれません。

また、家族や恋人、友人や職場の人の本命星も調べてみると、相手がどのような人なのかがわかり、どのように対応すれば良好な関係を築けるかがわかります。あなた自身の運を高め、人間関係を整えるツールとして、ぜひお役立てください。

第2章

1928年 ☆	九紫火星	1950年	五黄土星	1972年 ☆	一白水星	1994年	六白金星	2016年	二黒土星
1929年	八白土星	1951年 ☆	四緑木星	1973年	九紫火星	1995年	五黄土星	2017年	一白水星
1930年	七赤金星	1952年 ☆	三碧木星	1974年	八白土星	1996年	四緑木星	2018年	九紫火星
1931年 ☆	六白金星	1953年	二黒土星	1975年	七赤金星	1997年	三碧木星	2019年	八白土星
1932年 ☆	五黄土星	1954年	一白水星	1976年 ☆	六白金星	1998年	二黒土星	2020年	七赤金星
1933年	四緑木星	1955年	九紫火星	1977年	五黄土星	1999年	一白水星	2021年 ◇	六白金星
1934年	三碧木星	1956年 ☆	八白土星	1978年	四緑木星	2000年	九紫火星	2022年	五黄土星
1935年 ☆	二黒土星	1957年	七赤金星	1979年	三碧木星	2001年	八白土星	2023年	四緑木星
1936年 ☆	一白水星	1958年	六白金星	1980年 ☆	二黒土星	2002年	七赤金星	2024年	三碧木星
1937年	九紫火星	1959年	五黄土星	1981年	一白水星	2003年	六白金星	2025年 ◇	二黒土星
1938年	八白土星	1960年 ☆	四緑木星	1982年	九紫火星	2004年	五黄土星	2026年	一白水星
1939年 ☆	七赤金星	1961年	三碧木星	1983年	八白土星	2005年	四緑木星	2027年	九紫火星
1940年 ☆	六白金星	1962年	二黒土星	1984年 ☆	七赤金星	2006年	三碧木星	2028年	八白土星
1941年	五黄土星	1963年	一白水星	1985年	六白金星	2007年	二黒土星	2029年 ◇	七赤金星
1942年	四緑木星	1964年 ☆	九紫火星	1986年	五黄土星	2008年	一白水星	2030年	六白金星
1943年 ☆	三碧木星	1965年	八白土星	1987年	四緑木星	2009年	九紫火星	2031年	五黄土星
1944年 ☆	二黒土星	1966年	七赤金星	1988年	三碧木星	2010年	八白土星	2032年	四緑木星
1945年	一白水星	1967年	六白金星	1989年	二黒土星	2011年	七赤金星	2033年 ◇	三碧木星
1946年	九紫火星	1968年 ☆	五黄土星	1990年	一白水星	2012年	六白金星	2034年	二黒土星
1947年 ☆	八白土星	1969年	四緑木星	1991年	九紫火星	2013年	五黄土星	2035年	一白水星
1948年 ☆	七赤金星	1970年	三碧木星	1992年	八白土星	2014年	四緑木星	2036年	九紫火星
1949年	六白金星	1971年	二黒土星	1993年	七赤金星	2015年	三碧木星	2037年	八白土星

※1月1日～2月3日（節分）までに生まれた方は前年生まれの方と同じです。

2-1　本命星早見表

【一白水星】 柔軟で順応性に富みどんな環境でも才能を発揮

◆基本的な性格と運勢

水には「どんな器にも合うように形を自由自在に変えられる」という特徴があります。一白水星の人は、まさにこの特徴を表すような人。柔軟かつ順応性に富み、どのような環境でも才能を発揮することができます。

そのうえ義理堅く社交的なので、誰とでも仲良くなることができます。ただ、そうした性格ゆえに、自分よりも他者のことに一生懸命になり過ぎてしまい、気づいたら振り回されていたということが少なくありません。周囲からの影響を受けやすいタイプでもあるので、おつき合いする人によって善人にも悪人にもなってしまうところがあります。

この星の人は忍耐強く頭脳明晰で、器用さも持ち合わせています。話に説得力があり、実行力にも優れているのですが、一度形が出来上がるとそれに満足して、途中から放置してしまう傾向があります。その一方で、気位が高く、嫉妬心や猜疑心も強いため、人の忠告に素直に耳を傾けることが苦手です。

運勢は一般的には中年運といわれ、若い頃はさまざまな苦労を経験しますが、中年期に入るとそれが人としての芯の強さとなり、運が開けます。目的を持って努力を続ければ、最終的には大成するでしょう。故郷を離れることで成功する人が多い星でもあります。

◆仕事運

水のように柔軟性があるため、どんな分野でも才能を発揮し、やりこなしていく器用さを持っています。仕事に粘り強く取り組むのと同時に、頭脳明晰で冷静な判断ができるため、学者や哲学者、法律家など知的な職業に向いています。

水を象徴する星なので、水商売や船舶関係など水に関わる仕事も適職です。瞬時に損得勘定ができて駆け引き上手なため、交渉ごとでも才能を発揮します。口が堅く、簡単に内心を人に見せないところもあるので、機密情報を取り扱う職業にも適しているでしょう。

◆適している職業

学者、哲学者、書道家、外交官、法律家、海運関係、船舶関係、水産関係、漁師、水道関係、飲食業、水商売、サービス業、塗装業、酒屋、釣具店、秘書、アロマセラピストなど。

◆恋愛&結婚運

冷静かつ落ち着いた性格のため、燃え上がるような恋愛とは縁遠いタイプですが、ゆっくりと時間をかけて恋を成就させていきます。真面目で地味ながらも、落ち着いた色気で人を魅了するところがあります。恋に燃え上がることはないものの、一度好きになった人にはとことん尽くす一途さも持ち合わせています。

この一途さや一生懸命さを相手にも求めてしまうと、嫉妬深さや独占欲の強さが際立ってしまいます。家庭運にはあまり恵まれていないので、このあたりは注意してください。一般的に婚期が早いのも、この星の特長です。

◆健康運

下半身が冷えやすい体質なので、冷えから不調をきたす泌尿器系や生殖器系の病気には注意が必要です。

◆ほかの星との相性
・絶好調（意気投合する）　六白金星、七赤金星
・好調（気が合う）　なし
・平穏（穏やか）　三碧木星、四緑木星
・平常（普通）　一白水星
・研磨（磨き合う）　九紫火星
・譲歩（歩み寄る）　二黒土星、五黄土星、八白土星

幸せ体質になるために

一白水星の人は聡明かつ冷静であるため、自分1人でなんでもやってしまう自己完結タイプ。社交的ですが、人の忠告をなかなか聞くことができません。その結果、トラブルに巻き込まれたり、困ったことが起きても誰にも相談できず1人で抱え込んだりしてしまうところがあります。

もともと誰とでも仲良くなれる人ですから、日頃から他者に自分の気持ちを打ち明けるように心がけてみてください。なぜなら、この星の人は人間関係を築くときに、自分から

壁をつくってしまうところがあるからです。すると、相手はそれ以上踏み込めなくなってしまうので、日頃から心を開き、何かあれば人を頼りましょう。困ったときはお互い様。素直に相談することで、相手との絆も深まっていきます。

また、なんでもソツなくこなせるところは長所でもありますが、ときとして、すべてにおいて中途半端という短所になることもあります。器用になんでもできてしまうため、体裁にこだわって、つい格好つけてしまうことはありませんか。その結果、損をしたり、しなくてもよい苦労をしたりすることがあります。

器用貧乏にならないように気をつけ、目標をしっかりと持ち、あなたの中にある才能に磨きをかけていきましょう。

【二黒土星】　大地のように大らかで優しく真面目かつ現実的

◆基本的な性格と運勢

九星には「土」を象徴する星が3つあり、なかでも二黒土星は「低く平らな大地」を表します。そのせいか、母なる大地のように、大らかな雰囲気を持つ人が多いのが特徴です。

このタイプは真面目で堅実。コツコツ努力をすることが、自然とできるのです。九星の中でも二黒土星は「いい人」の代表格。優しく温かく、素直で従順であり、誰にでも親切です。年長者からのサポートを受けることで、さらに運が開けていくでしょう。理解力や考察力に長け、何ごとも習得が早いのも特徴といえます。

ただし、親切で温和な面がある一方、高慢で気難しく意地っ張りなところもあり、人を見下す傾向があります。

大きなことを計画したり、夢見たりすることは得意なのですが、忘れっぽいところがあり、他力に頼りがちです。表に立つことよりも、無難に過ごすことをよしとし、石橋を叩いたけれど渡らないという慎重な面もあります。

一般的に晩年運といわれていますが、努力すれば早いうちに開運できます。そのために、素直さと誠実さを大切に、目標に向かってコツコツと努力を続けること。そうすれば、中年期に入ってそれまでの努力が実り、人生が充実します。

◆仕事運

真面目かつ努力家なので、コツコツ働く仕事に向いています。縁の下の力持ちタイプなので、リーダーを補佐する秘書的な役回りで実力を発揮します。

優柔不断で決断力に欠けるので、一攫千金の大きな仕事のリーダーには不向きですが、細かいところまで目が行き届き、人が嫌がる仕事も率先して引き受けるので、上司に認められて引き立てられ、大きな成功を手にすることができます。

大地を象徴する星なので、土地に関する仕事や一般に広く受け入れられている大衆的な仕事にも向いています。

◆適している職業
不動産、土木・建築、一般事務、看護師、薬剤師、美容師、保育士、衣料品、料理研究家。大衆向けの仕事としてはクリーニング店、セールスマンなどの営業職、そば・ラーメン店をはじめとする飲食店、など。

◆恋愛&結婚運
もともと器用なタイプではないので、意図的に相手の気を引くことは苦手です。けれど、誠実で大らかな人柄なので、時間をかけることで思いは相手に伝わります。

情熱的に一気に燃え上がるというよりは、深く静かに愛するタイプなので、いったん恋人同士になったら、献身的な態度で相手に尽くします。

その一方、いろいろと迷いやすい性格なので、相手ときちんと向き合うよう、自分自身を律することが大切です。セックスに関しては意外と強いのが特徴で、男女とも家庭を大切にする傾向があります。

◆健康運
食べることが好きなため消化器系に負担がかかり、下痢や消化不良を起こしやすいようです。胃腸の病気には注意し、ストレスや疲労は早めに解消してください。

◆ほかの星との相性
・絶好調（意気投合する）　九紫火星
・好調（気が合う）　五黄土星、八白土星
・平穏（穏やか）　六白金星、七赤金星
・平常（普通）　二黒土星

・研磨（磨き合う）　一白水星
・譲歩（歩み寄る）　三碧木星、四緑木星

幸せ体質になるために

二黒土星の人はゆったりとしていて温厚かつ丁寧で優しいのですが、ときとしてそれが自身の足を引っ張ることになりかねません。ゆったりした慎重なところが、場合によっては「遅い」「反応が鈍い」というように相手に映り、持ち前の丁寧さが「細か過ぎる」と受け取られてしまうことがあるからです。

こうした点を自覚し、せっかく巡ってきたチャンスをみすみす逃さないためにも、状況を見て素早く行動する「判断力」を養っていきましょう。また、ピンチのときほど迷って動けなくなる傾向があります。「だめならもう一度」くらいの気持ちを持って、巡ってきたチャンスは積極的につかみに行ってください。

どちらかというと、表舞台より裏方的な立ち位置のほうが実力を発揮できるので、一歩下がったところから采配を振るうことが本質的に合っています。ただし、人を信じやすい面があるので注意が必要です。本当に信頼できる人や情報なのか、その見極めをしっかりすることで、さらに運が開けていきます。

【三碧木星】頭の回転が速く賑やかでどこにいても目立つ

◆基本的な性格と運勢

「木」を表す星は九星の中に2つありますが、その1つである三碧木星は新芽であり、これから成長する若木を象徴しています。また、「音」「雷」といった意味もあり、この星の人たちは、賑やかで人を驚かせるという特徴を持っています。明るくよくしゃべり、活動的でつねに話題の中心にいることを好み、目立ちたがり屋が多い傾向があります。

真面目で親切なうえに、困っている人を見ると助けずにはいられません。飲み会などの幹事を率先して引き受けますが、せっかちで即断的な面が出過ぎると、余計なことまでしてしまい、自滅するという失敗をしがちです。人間関係を円滑に運ぶためにも、自分勝手な言動や出過ぎた行動は慎みましょう。頭の回転が速く、人が一を知るときに十を知るため、一歩も二歩も先を読める先見性がありますが、熱しやすく冷めやすい短期集中型です。口では大きなことを言うのですが行動がともなわず、安請け合いした結果、信用を落と

第2章

すということがあるので注意してください。住所、仕事、恋人、趣味などもころころと変わりやすく、落ち着きがありません。

家族との縁が薄く、なかでも父親とのつながりが希薄な人が多いでしょう。運勢は初年運で、人生の早い時期に運気が上がります。早めに人生の目標を定め、中年期以降の人生のために準備を整えることが成功の鍵となります。

◆仕事運

自立心や独立心が旺盛なので、自分で事業を始めたり、何かを追及したりする仕事に向いています。野心も強いので、サラリーマンにはあまり向かないようです。流行に敏感で、時代を読む先見性に優れています。アイデアを生かす企画関係の仕事、音楽や演奏など、音に関する仕事が向いています。裏方よりも表に出る仕事のほうが合うでしょう。

ただし、1つのことをやり遂げる前に、自分の限界を知って途中であきらめ、別の仕事に転身してしまう人も多いようです。それは本当の限界なのかを考え、転職は慎重にするようにしてください。

◆適している職業

音楽家、歌手、アナウンサー、司会業、作家、放送関係、音響関係、芸能関係、マスコミ関係、モデル、レポーター、ジャーナリスト、通信系、ＩＴ系、営業職全般など。

◆恋愛&結婚運

情熱的でラテン系が多い三碧木星。駆け引きが苦手で感情のままに動くため、思いが高まったらストレートに相手に伝えます。その反面、感情の起伏が激しく、わがままで独占欲が強いという子どもっぽい一面も持ち合わせています。

男女とも性欲は強いのですが、肉体的にも精神的にも活発なのは女性のほうで、男性はややスタミナ不足な傾向があります。

婚期は比較的早く、女性は玉の輿願望が強い人が多いようです。

◆健康運

喉や気管支が弱く、喘息にかかりやすい傾向があります。肝臓、手足のケガ、リウマチ、神経痛などにも注意してください。

◆ほかの星との相性

・絶好調（意気投合する）　一白水星
・好調（気が合う）　四緑木星
・平穏（穏やか）　九紫火星
・平常（普通）　三碧木星
・研磨（磨き合う）　二黒土星、五黄土星、八白土星
・譲歩（歩み寄る）　六白金星、七赤金星

幸せ体質になるために

「音」や「雷」を象徴する星だけあって、賑やかで明るい性格です。ただ、度が過ぎると騒々しく、口だけで行動がともなわない人という目で見られてしまいます。若い頃ならば周囲から「仕方がない」と見逃してもらえていても、中年期に入ると通用しなくなるので、注意したいところです。

また、自分中心に物事を考えがちなので、人からの意見にも耳を傾けましょう。熱しや

すく冷めやすいため、中途半端で投げ出してしまうことも多いようです。趣味でも習いごとでもよいので、続ける習慣を身につけ、最後までやりとげる忍耐力を養いましょう。

典型的な初年運のため、早くから道が開けていきますが、それを自分の力だと勘違いしないようにしてください。若いうちから貯金を心がけることも大切です。自分を過信せず、周囲の人たちや環境に感謝し、協調性を持つように心がけてください。

人生の早い時点で自分の目標を定め、責任ある言動を心がけ、一度口にしたことは実現させる癖をつけていきましょう。持ち前の弁舌に行動がともなうようになれば、大きく運が開けていきます。

【四緑木星】 穏やかで落ち着きがあり誰にでも好かれる交際上手

◆基本的な性格と運勢

「木」を象徴する星でも、三碧木星は新芽を表していますが、四緑木星はどっしりと成長した樹木のイメージです。人当たりがよく、落ち着いた人柄のため、周囲を安心させる大らかさがあります。誰にでも好かれる交際上手な人が多く、目上の人に可愛がられ、引き立てられることで成功する人が多いでしょう。

洞察力にも長けているため、相手の顔色を見て会話をコントロールすることができます。ただ、人の意見に素直に従っているように見えても、実際の心の中では違うことを考えていることが多々あります。

本心をあまり表に出さないため、つかみどころがなく、「何を考えているのかわからない」と思われてしまうことも多いでしょう。つかみどころがないのは一白水星の人も同じなのですが、一白水星の人は持って生まれた性格なのに対し、四緑木星の人は気弱な面を見せないようにするため、意識的に自分を隠すところがあります。

用心深く主体性や決断力が乏しいので、冒険やチャレンジをあまり好みません。そのため、大きな失敗はないものの、大きな成功もない、安全かつ着実な人生を歩む傾向があります。運勢は初年運で、多くの人に引き立ててもらうことができれば、順調に発展していくことができます。

◆仕事運

九星の中でも要領のよさでは群を抜く四緑木星。順応性と洞察力に優れ、場の空気を読む力があるので、目立たないわりには出世します。木に関わる職業や動きのある仕事、じっくりと腰を据えて取り組む仕事にも向いています。

ただし、決断力が乏しく優柔不断なところがあるので、大きなチャンスを逃したり、欲を出し過ぎて失敗したりすることが少なくありません。ここぞというときの決断力と行動力を身につければ、チャンスをしっかり生かすことができます。

◆適している職業

林業、木材販売、木工・園芸関係、ツアーコンダクター、旅行関係、貿易関係、外交官、運送業、交通関係など。ラーメン、そば、パスタ、うなぎなどの飲食店経営も適職です。

◆恋愛&結婚運

一見おとなしそうに見えますが、実際には情熱的なロマンチストの人が多いようです。恋に落ちると一気に燃え上がることもあるでしょう。ムードづくりが上手で、自分自身もムードを大切にしないと盛り上がらないタイプです。

誰にでも親切で優しいのですが、八方美人的な印象を与えがちなので、注意しましょう。

一時的な感情の盛り上がりで結婚まで突っ走ってしまい、あとで後悔することも……。結婚相手は慎重に選んでください。

◆健康運

呼吸器系が弱いため、気管支炎や喘息、肺炎などに注意してください。皮膚や腸にも不調が出やすいので気をつけましょう。

◆ほかの星との相性

・絶好調（意気投合する）　一白水星
・好調（気が合う）　三碧木星
・平穏（穏やか）　九紫火星
・平常（普通）　四緑木星
・研磨（磨き合う）　二黒土星、五黄土星、八白土星
・譲歩（歩み寄る）　六白金星、七赤金星

幸せ体質になるために

四緑木星の人は洞察力に優れるため、人づき合いがうまく、どこに行っても人気者です。とても人当たりがよく、たくさんの友達に囲まれているのですが、「本心がわからない」「本当の姿が見えない」という誤解を受けることも多いようです。そのため、真の友達は数少ないでしょう。

これは生来の用心深さに加え、自分の我欲を隠そうとするため、無意識のうちに本当の自分を見せないようにしているところに原因があります。人間ですから、警戒心も欲もあって当たり前。もう少し素直に本心をさらけ出してみても大丈夫です。もし、そのままの状態が続き、「本心を明かさない人」「人の話を本当は聞いていない人」と敬遠されてしまうのは、もったいないことです。

また、人に恵まれて発展していく運を持っていますが、それを当たり前のこととして感謝の気持ちを忘れると、あとで大きなツケがまわってきます。怠け癖がつかないよう、自分を律していくことも大切です。ここぞというときに動ける決断力と行動力を養い、チャンスをつかんでいきましょう。

【五黄土星】 寛大さや慈悲深さと同時に強い運気を持つリーダータイプ

◆基本的な性格と運勢

五黄土星は九星の中でもっとも強い「帝王の星」であり、二黒土星、五黄土星、八白土星という3つの「土」の星の中でも、「すべてを土に還す」という意味合いを持ちます。人の上に立って仕事を成し得る親分肌で、強いリーダーシップを持ち、人望が厚く人徳もあります。強い運気を持っているので、周囲の反対を押し切ってでも困難に立ち向かい、さまざまな事柄を成し遂げていきます。

そんな強さと同時に寛大で慈悲深い心を持ち、弱者や自分を頼ってきた人のことは、犠牲をいとわず助けようとします。そして、人に助けてもらえる運も持っています。

一方、几帳面で細かいところまで気がまわるため、猜疑心が強く、判断力に欠けるところがあります。気位が高く、偏屈で強情な面があり、ときとして強引に自分の意志を通そうとするため、人の恨みを買いやすい一面もあるでしょう。

大ざっぱなところもありますが、国家や社会の存亡、家庭内の危機の際には必ず表に出てきて、事を治めてくれるのもこの星の人です。

人の上に立つか、とことん落ち込むか、人生が極端に分かれる傾向にありますが、どんな逆境も耐え抜く芯の強さを持っています。運気は晩年運で大器晩成型。親子の縁も厚い人が多いでしょう。男性は中年以降の病気や異性関係に要注意です。

◆仕事運

困った人を放っておけない親分肌と懐の深さを生かせる仕事が適しています。責任感が強いので、主導権を握って周囲を引っ張っていくリーダー的立場にあることで、本来の能力を発揮します。他人を統率する才能や魅力を持ったカリスマ的な人が多いので、政治家や宗教家にも向いています。

ただし、ワンマンになってしまうと運気が落ちます。周りの声にも耳を傾け、冷静さを養っていけば、ここぞというときに強い運気で物事を成し遂げることができます。

◆適している職業

自営業、自由業、実業家、政治家、宗教家、不動産業、ホテル経営、証券・金融業、肥

料関係、スクラップ業、葬儀屋、清掃業、刑務官など。

◆恋愛&結婚運

五黄土星の人は情熱的でロマンチスト。恋愛感情に一度火がつくと、全身全霊で相手を愛します。そんな熱い思いが、場合によっては強引さとなり、一方的に愛情を押しつけてしまうことがあります。相手の気持ちを考えることも、大切にしてください。

男女とも精力は抜群ですが、愛情深いがゆえに独占欲や嫉妬心が強く、男女間のトラブルを起こしがちなところがあります。本当の愛がそこにあるなら、自分の度量を広げる努力もしていきましょう。

◆健康運

胃腸や子宮など腹部まわりの病気に注意してください。おできや腫物ができやすく、高熱を出しやすい体質でもあるので、日頃から健康管理には気をつけましょう。

◆ほかの星との相性

・絶好調（意気投合する）　九紫火星
・好調（気が合う）　二黒土星、八白土星
・平穏（穏やか）　六白金星、七赤金星
・平常（普通）　五黄土星
・研磨（磨き合う）　一白水星
・譲歩（歩み寄る）　三碧木星、四緑木星

幸せ体質になるために

「帝王の星」でもある五黄土星の人は、生まれながらにしてリーダーの資質が備わっています。ただし、プライドが高く、自分は誰よりも優れていると考えがちで、物事が思い通りに進まないと、納得できないところがあります。そんな自分を認め、客観的に自分自身を振り返り、理性を養う努力も大切です。

信念が強く、優れた経営能力を持っているので、努力と出会いを大切にすれば成功します。つねに謙虚な態度でいることが、運気を加速させるでしょう。ただし、せっかくのリーダーシップも度を超すとワンマンになり、孤立を招くので注意してください。

第2章

人を思いやる気持ちが強いタイプですが、その思いが相手にうまく伝わらず、悶々としてしまうこともあるでしょう。そういうときこそ素直になって、さりげなく本心を伝え、誤解を解くようにしてください。また、時代の流れを見誤らなければ、いつでもチャンスをつかめる強運の持ち主でもあります。よいパートナーや補佐役がいると、さらに大きく伸びることができます。

運気は、一般的には晩年運ですが、自分の欠点を自覚し、意識的に克服していくことで、もっと早く運が開けることもあります。

【六白金星】 磨き方でいかようにもなる正義感の強い正直者

◆基本的な性格と運勢

九星の中には六白金星と七赤金星と「金」の星は2つありますが、六白金星は「山から取り出したばかりの磨く前の鉱石」という意味を持ちます。また、天や太陽を表す「陽の星」でもあります。仁義を重んじ、困っていたり苦しんでいたりする人を見ると放っておけず、彼らを助けるために体を張ることもあるでしょう。度胸と辛抱強さを合わせ持っているので、人の上に立つ能力も備えています。

また、正義感が強く、不正や悪を許しません。相手が頭から抑え込んできたり、理不尽なことを言ってきたりすると、たとえ目上の人であろうととことん抵抗します。そのため、年長者から疎まれることも多いようです。

一見、社交的に見えますが、気位が高く正直者なので、人から指図されるのを嫌います。人が話しているところに割り込んで、でしゃばったり、知ったかぶったりしがちなので慎みましょう。お世辞を言うのも苦手なので、尊大に見られがちですが、実はその内面は柔軟性に富んでいます。このあたりが誤解を招きやすいので、注意してください。

お金に不自由しませんが、プレゼントをしたりするのが好きなので、出費がかさみます。運勢は大器晩成型の晩年運です。年を重ねるごとに、強い運気を得られるのも、この星の特徴といえます。

◆仕事運
六白金星の人は行動力や決断力があり、先見の明もあるため、人の上に立つことを好みます。経営者、指導者として頭角を現わす人が多いでしょう。

逆に、人の下で働くことは苦手です。専門職として技術を身につけたり、独立して事業を始めたりして、持ち前の向上心を満足させられるような仕事が適しています。

自分自身の品位を重んじる傾向があるので、人から「先生」と呼ばれるような仕事もおすすめです。

◆適している職業
政治家、宗教家、弁護士、官僚、医者、教育者、自由業、思想家、作家、評論家、美容関係の経営者、茶道や華道の師範、キャビンアテンダント、貴金属関係、スポーツ関係など。

◆恋愛&結婚運
一見、恋愛にはあまり関心がないようなクールな印象ですが、いったん人を好きになると情熱的な面が表に現れます。

ただ、恋の駆け引きは苦手で、どちらかというと不器用なタイプ。そのため、ロマンチックなムードを求める人にとっては、物足りなく感じるかもしれません。けれど、内面では深くしっかりと相手を愛する人です。

結婚すると、女性は献身的に家庭に尽くす良妻の星でもあります。男性は亭主関白になる傾向がありますが、家族には深い愛情を注ぎます。

◆健康運

頭痛や心臓病、血圧や肩こり、歯痛には注意しましょう。神経が細やかで繊細なところがあるため、ノイローゼなど精神的な病にも気をつけてください。

◆ほかの星との相性

・絶好調（意気投合する）　二黒土星、五黄土星、八白土星
・好調（気が合う）　七赤金星
・平穏（穏やか）　一白水星
・平常（普通）　六白金星
・研磨（磨き合う）　三碧木星、四緑木星
・譲歩（歩み寄る）　九紫火星

幸せ体質になるために

本来は世話好きでお人よしながらも、生まれ持っての風格があり頭の回転も速いため、自然と自尊心が高くなる傾向にあります。ただ、自意識過剰になって無意識のうちに人を見下してしまうと、人間関係がぎくしゃくしてくるので注意してください。

理想が高くアイデアマンでもありますが、大きな仕事をするときには迷いが生じて、うまく進まなくなることがあります。迷うかわりに、行動したその後のことまで考える慎重さを身につけましょう。そうすれば、ずばぬけた行動力を発揮でき、運が開けていきます。

また、歯に衣着せぬ物言いが、六白金星の人の特徴でもありますが、思いがけず人を傷つけてしまい、結果的に損をこうむることが多いようです。つねに謙虚な態度を心がけ、相手の立場も理解しつつ、引き立ててあげることを意識すれば、円滑な人間関係を築くことができます。

運勢は晩年運ですが、従来の習わしにとらわれることなく、積極的に新しい物事に取り組むようにしていけば、もっと早く成功することができます。

【七赤金星】 不思議とお金や物に困らない世渡り上手

◆基本的な性格と運勢

「金」の星は同じであっても、六白金星は「磨く前の鉱石」ですが、七赤金星はお金やアクセサリーのように「光り輝く貴金属」を表します。生まれながらにして、お金や物品には困らないという恵まれた星でもあります。

このイメージ通り、華やかでおしゃれで陽気な人が多いのが七赤金星の特徴です。頭の回転が速く、多才多弁のため、世の中を上手に渡っていけるでしょう。愛嬌があって社交的なうえに、どんな場所へ行ってもすぐに馴染む順応性や適応力があるので、誰からも好かれます。ただし、八方美人にならないように気をつけてください。

大抵のことはすんなり器用にこなし、趣味や服装、髪形などは流行に合わせて変化させます。遊びに関してもたくさんの情報を仕入れ、楽しむとはどういうことかをよく知っている人です。習いごとなどにも熱心に取り組む傾向があります。

ただ、心の奥底に殺伐としたところが潜んでおり、冷酷で非情な一面も持っています。

他者を批判したり、異性問題を起こしたりしがちなので注意が必要です。コツコツ努力するのが苦手で粘りに欠けるため、失敗から学ぶことをせず、同じ失敗を繰り返す人も多いでしょう。運勢は中年運です。一度約束したことは履行し、努力を惜しまず、口は災いの元と心得ることで、さらなる幸運を引き寄せられるでしょう。

◆仕事運

才能豊かでどんなことにも臨機応変に対応できるため、どのような仕事についても頭角を現わします。社交的で愛嬌があるので、表に出る華やかな世界の仕事も適しています。また、浅くても幅広い知識を生かせる仕事もよいでしょう。口の巧みさが役立つセールス業やアナウンサー、献身的に人のために働く看護師や保育士などにも向いています。

有言実行を心がけて約束を守り、最後までやり抜く忍耐力を身につける努力をすることで、周囲からの信頼を得て、成功をつかむことができます。

◆適している職業

芸能関係、歌手、俳優、服飾関係、水商売、司会業、アナウンサー、セールス業、サービス業、ホテル業、看護師、保育士、ライター、飲食業、外科医など。

◆恋愛&結婚運

七赤金星の人は陽気で開放的な性格に加えて愛嬌があるため、異性にモテます。さまざまなお相手と一緒に、恋愛の喜びや楽しさを十分に味わえるのが七赤金星の特徴です。ただし、一度恋に落ちると盲目的になってしまい、周りが見えなくなってしまうことが多いようです。現実を見失わないよう注意してください。

また、初婚で失敗する人が多いので、結婚は人を見る目を十分に養ってからのほうがよいでしょう。セックスは燃え上がるわりに、淡白な傾向があります。

◆健康運

呼吸器系が弱いので、喉や肺の病気に注意してください。女性の場合は性器に関連する病気にもなりやすいので気をつけましょう。

◆ほかの星との相性
・絶好調（意気投合する）　二黒土星、五黄土星、八白土星
・好調（気が合う）　六白金星
・平穏（穏やか）　一白水星
・平常（普通）　七赤金星
・研磨（磨き合う）　三碧木星、四緑木星
・譲歩（歩み寄る）　九紫火星

幸せ体質になるために

非常に社交的で世渡り上手ですが、人の好き嫌いが激しく、嫌いな人に対して露骨な態度に出てしまうことがあります。交渉ごとに関する生まれ持っての能力があるのですから、冷静な視点と物事の流れを読み取る才能を生かし、人望を得ていきましょう。

七赤金星の人は裕福な家に生まれることが多い傾向にありますが、そうした環境に甘えることなく、若いときから外に出て苦労を経験したほうが、早く幸せ体質になれます。

男女とも自分本位の言動は慎んでください。簡単な口約束はせず、自分で言ったことは

必ず実行していくだけでも、運は開けていきます。

女性の場合は、繊細な性格で人づき合いもよいのですが、はっきりと物を言ってしまうところがあります。それにより人間関係や仕事がよいほうへ発展することもありますが、実力がともなっていないと軽薄な人という印象を与えてしまうので注意しましょう。

人間関係においても学業や仕事においても、コツコツ努力することを忘れずにいれば、おのずと幸せが舞い込んできます。生まれ持った華やかさと愛嬌と同時に、自分自身の努力による信頼や人望を身につけていけば、どのような場所に行ったとしても成功することができます。

【八白土星】 しっかり者で辛抱強く決めた目標は成し遂げる

◆基本的な性格と運勢
同じ「土」の星であっても二黒土星や五黄土星が「平らな大地」を表すのに対し、八白土星は「小高い土地や山」を表しています。しっかり者で辛抱強く、実直で温順な性質を持ち、人情味にあふれているため、困っている人を見ると放っておけません。

仕事熱心で万事に器用なところがあります。一度決めた目標に向かって、コツコツ努力を重ねることができ、必ず成し遂げる意志の強さも持っています。

倹約家で貯蓄の才能があるため、お金は自然と貯まります。ただ、人のためにお金を使うことは、あまり好きではありません。誰かにプレゼントしたり、おごったりすることは少ないでしょう。それが行き過ぎると、ケチな人と思われてしまうのでほどほどに。

また、自尊心が高く頑固で、理屈をこねては強引に意見を押し通すところがあります。信念を貫くのは八白土星の人のよいところですが、度が過ぎると自分の意見を一方的に押しつける「お山の大将」になってしまいます。

猜疑心が強く、せっかくのチャンスを逃したり、逆に先走り過ぎて失敗したりすることもあるでしょう。気分にむらがあり決断力が乏しく、うまくいかない責任を人のせいにする傾向があるので注意してください。運勢は中年〜晩年運です。生来の強い運気とリーダーシップを生かし、周りの声に耳を傾けることで成功していきます。

◆仕事運
人の上に立って能力を発揮できる人なので、自分で事業を立ち上げ、一国一城の主となる素質を持っています。ただし、人に頭を下げるのが苦手なので、商売をする中で失敗することもあるでしょう。ときには本心を抑え、相手を立てることも学んでください。

コツコツ努力する意志の強さを持ち、真面目で勤勉なタイプですから、堅い仕事に適しています。職人気質が強い人も多いでしょう。土に関する仕事や器用さを生かした仕事にも向いています。

◆適している職業

警察官、公務員、金融業、板前・料理人、仲介人、司会業、不動産関係、土木・建築業、旅館・ホテル業、歯科技工士、設計士、技術者など。

◆恋愛&結婚運

恋愛にはかなり慎重なタイプです。一目ぼれをして、一気に恋の炎が燃え上がることはほとんどありません。

自分の思いを相手に伝えることが苦手なので、たとえ好きになったとしても、恋愛に発展しないケースも多いようです。

ただ、一度恋愛に発展すると、一途に相手を愛するため、結婚までの道のりは早い傾向があります。セックスは男女ともに旺盛で、相手が困ってしまうことも。また、執着心や独占欲が強いのも八白土星の人の特徴といえます。

◆健康運

関節や骨、血液、腰の病気には注意が必要です。定期的に健康診断を受け、マッサージなどのメンテナンスを取り入れるようにしてください。

◆ほかの星との相性

・絶好調（意気投合する）　九紫火星
・好調（気が合う）　二黒土星、五黄土星
・平穏（穏やか）　六白金星、七赤金星
・平常（普通）　八白土星
・研磨（磨き合う）　一白水星
・譲歩（歩み寄る）　三碧木星、四緑木星

幸せ体質になるために

八白土星の人は、どんなことにも丁寧かつ努力を惜しまず、強い意志でやり抜く力を持っています。ところが頑固で理屈っぽいため、損をしてしまうこともあるようです。

たとえば、八白土星の長所である丁寧なところが、あるときは「反応が遅い」という短所にもなり、我が道を行く意志の強さが「融通が利かない頑固さ」になってしまうこともあるからです。

自分自身のペースを大切にし過ぎてしまって協調性が欠けると、こうした短所が目立ってきます。短所を長所に転換していくためにも、まずは協調性を養うことから始めましょう。相手に対して意識的に柔軟に応対し、積極的に人の輪の中に入っていくことで、徐々に協調性が備わり、運が開けていきます。

また、強引に自分の意見を通そうとするところがありますが、内面は意外と弱いところがあり、行動が矛盾していると見られがちです。周囲の意見を聴く耳を持ち、時には相手の意見を優先させるくらいの余裕を持ちましょう。

第2章

【九紫火星】 陽気かつ華やかな外見で頭脳の明晰さもピカ一

◆基本的な性格と運勢

その名の通り、九紫火星は「燃え盛る炎」を表す華やかな星。外見もゴージャスで、おしゃれな美男美女が多く、性格も陽気かつ情熱的。九星の中でも頭脳の明晰さは抜群で、知識欲があり、勉強熱心な人も多いようです。感受性が強く、「知りたい！」と思ったことは、とことん追求します。思いついたら即行動という身軽さも特徴の1つです。

また、先見の明があり、時代を先取りする能力にも長けています。失敗して落ち込むことがあっても、冷静に判断して状況を立て直す賢さも持ち合わせています。

一方、派手な性格や顔立ちのため、周囲からちやほやされることが多く、人を見下すところがあります。強情でわがままなところが目立ちますが、心の奥底に弱気や陰気な面も隠し持っています。熱しやすく冷めやすい性質で、自分本位なところも見受けられます。毎日のように会っていた人でも、急に連絡を取らなくなるなど、極端な行動に出ることが少なくありません。反骨精神が旺盛で、先輩や上司にたてつくことも多いでしょう。

話し好きで、話し方も上手ですが虚栄心が強く、苦境に陥ったときでも人に悟られないよう、見栄を張ってしまうところがあります。運勢は中年運です。

自分の心の中に他人を入れようとしませんが、それでは苦しくなるばかりです。相手のことを認め、互いに助け合う精神を育むことで運は開けていきます。

◆仕事運
他人に頼らず、自分の力で信じる道を進んでいく傾向がある九紫火星は「指導者の星」ともいわれています。人の上に立ち、一国一城の主を目指しますが、部下には恵まれない運勢なので、いざというときに頼れる人が少ないでしょう。

本来は部下思いなのですが、切り替えが極端なため、周囲からは「無責任な人」と見られてしまいがちなのです。一歩引いて周囲の状況を把握し、相手の意見をきちんと聴くようにしましょう。よき協力者を得ることで、仕事運を高めることができます。

◆適している職業
学者、教育者、外交官、弁護士、裁判官、医師、ジャーナリスト、カメラマン、ファッション関係、美容関係、モデル、芸能関係、画家、美術家など。

◆恋愛&結婚運

炎が燃え盛るような情熱的な恋愛を好みます。美的センスが高いため、男女とも面食いの傾向があります。感性を大事にするタイプなので一目ぼれしやすく、フィーリングが合う人に恋愛感情を抱くことが多いでしょう。この星の人は容姿端麗のため、かなりモテます。その結果、二股をかけたり、道ならぬ恋に走ったりしやすく、痴情のもつれからのトラブルに発展しやすい傾向があります。堅実なおつき合いを心がけてください。

情熱的なわりにセックスは男女ともさほど精力的ではなく、相手を喜ばせようと努力する人は少ないようです。この点を改善すると、パートナーとの絆が深まります。

◆健康運

見た目は華やかですが内面は繊細な人が多いので、ストレスには注意してください。目、頭部、心臓、血圧などの病気にも気をつけましょう。

◆ほかの星との相性
・絶好調（意気投合する）　三碧木星、四緑木星
・好調（気が合う）　なし
・平穏（穏やか）　二黒土星、五黄土星、八白土星
・平常（普通）　九紫火星
・研磨（磨き合う）　六白金星、七赤金星
・譲歩（歩み寄る）　一白水星

幸せ体質になるために

九紫火星の人は、華やかかつ頭脳明晰で天才肌でもあるため、文化人や著名人にも多い星といえます。

自分の言動に絶対的な自信があるため、人からの忠告にはあまり耳を貸さないところがあります。その結果、失敗しても「相手が悪い」と言って自分の責任を認めたがらず、反省することも苦手です。

頭の回転が速いので、なんとか情勢を立て直してピンチを切り抜けることができるので

すが、そのままだといずれ人はついてこなくなります。そうなると、本当に困ったときに、誰も頼る人がおらず、困窮してしまいます。こうしたことを避けるために、才能豊かだとしても自分1人の力には限界があると認識し、自己中心的な考え方を改めましょう。

　熱しやすく冷めやすいところがあるので、忍耐力をつけることも大切です。話し上手で弁才があるのですが、それだけに口が災いの元となることもあります。自分の欠点を認識しつつ、人からの協力も得られるよう、思いやりを持って対人関係を大切にしてください。そうすることで、より大きな幸せを呼び込むことができます。

第３章
本当のあなたはこんな人
「月命星」と「傾斜宮」

あなたの行動パターンや考え方を表す「月命星」

私たちの性格や運勢をより深く知るには、生まれ年から割り出す「本命星」のほかに、生まれ月から導き出す「月命星」についても知る必要があります。

なぜなら、「月命星」は基本的な性格を表す本命星の1つ奥にある星で、無意識のうちにその人の行動パターンや考え方の癖などを支配しているからです。月命星は、その人の本質的な部分を表しているといってもよいでしょう。

人が生まれて一般的には18歳くらいになるまでの間は、月命星の動きに支配されています。その人の大元をつくる、もっとも大事な要素が月命星ということになります。よく「**三つ子の魂百まで**」といわれますが、これは幼少期の体験や人格形成がその人の一生を左右するということを意味しています。

細かいことにこだわるかこだわらないか、無口かおしゃべりか、言いたいことを言えるか言えないかなど、私たちの性格のほとんどは、月命星が支配する18歳くらいまでに大枠が形づくられると考えられています。つまり、**18歳くらいまでに経験したことのすべてが記憶として刻まれ、その人の心の根っことして形成されていくのです。**ただし、環境によっては22歳くらいまでの経験が影響する人もいます。

多くのクライアントをみていると、楽しかったこと、喜んだこと、嬉しかったことなどの記憶よりも、暴力、いじめ、貧困、虐待など、怖かったり悲しかったりした体験、心を傷つけられた記憶のほうを鮮明に覚えています。

隠しておきたい欠点や弱点として、そうした記憶が抑圧され、心の奥に閉じ込められてしまうことで、トラウマやコンプレックスが生まれ、大人になってからもその人の行動や考え方に大きな影響を与え続けているのです。

こうしたことは、本人ですら気づいていないことが多々ありますが、自分のことを知るには、この部分を避けて通ることはできません。現在の人生に不具合を起こすような心の傷を抱えている場合、月命星をみることで、その人のトラウマやコンプレックスが浮き彫りになります。

なお、18歳を過ぎると月命星は内側に隠れてしまい、徐々に本命星が表に出てきます。

第3章

とはいえ、月命星はなくなったわけではないので、心の奥深いところで私たちに影響を及ぼし続け、行動パターンや考え方の癖などとして表れるというわけです。

そのため、月命星の部分が未熟なまま社会に出ると、心や体のバランスを崩しやすくなり、生きづらさを生み出す原因となります。もし今、人生に何かしらの行き詰まりを感じているとしたら、ぜひ、月命星でご自身の弱点を調べてみてください。これらを認め、受容することで、心の傷が次第に癒え、幸せな現実を生み出せるようになっていきます。


それでは次の「3－1 月命星早見表」から、あなたの月命星を探してみましょう。表の一番上にある本命星とそれぞれの生まれ月が交差するところがあなたの月命星になります。早見表をみるときの注意点は、月の始まりが1日ではないところです。

たとえばあなたの本命星が一白水星で、誕生日が1月5日だった場合は月命星が六白金星となり、この**2つの星の性質**を持っていることになります。一白水星として、順応性があり、社交性にも富んでいるのですが、六白金星の頑固さや人からの指図を嫌う部分が表に出過ぎると目上の人からの引き立てを受けづらくなり、運気に陰りが出てしまいます。

また、あなたの本命星が七赤金星で、誕生日が12月12日だった場合、月命星も七赤金星になります。

このように本命星と月命星が同じ場合は、別の表のように別の星で見ます。たとえば、本命星、月命星とも七赤金星の場合、八白土星が月命星となります。

本命星と月命星が同じ場合は、自分をどうコントロールするかという部分も大切になるといえるでしょう。


ご自身の性質や運勢をさらに深く知り、積極的に開運していきたい場合は、本命星と月命星と両方の基本的な性格と運勢を一緒にみるようにしてください。本命星と月命星の2つの星が自分の運勢に混在していることを知り、今まで気づかなかった自分の新たな側面に、出会えるはずです。

さらに自分自身を深く知る「傾斜宮」

あなたが生まれた年と月の「本命星」「月命星」がわかったら、今度は「傾斜宮」も探

3－1　月命星早見表

生まれ月＼本命星	七赤金星・四緑木星・一白水星	八白土星・五黄土星・二黒土星	九紫火星・六白金星・三碧木星
2月（2/4～3/5）	八白土星	二黒土星	五黄土星
3月（3/6～4/4）	七赤金星	一白水星	四緑木星
4月（4/5～5/4）	六白金星	九紫火星	三碧木星
5月（5/5～6/4）	五黄土星	八白土星	二黒土星
6月（6/5～7/6）	四緑木星	七赤金星	一白水星
7月（7/7～8/6）	三碧木星	六白金星	九紫火星
8月（8/7～9/6）	二黒土星	五黄土星	八白土星
9月（9/7～10/7）	一白水星	四緑木星	七赤金星
10月（10/8～11/6）	九紫火星	三碧木星	六白金星
11月（11/7～12/6）	八白土星	二黒土星	五黄土星
12月（12/7～翌年1/4）	七赤金星	一白水星	四緑木星
1月（1/5～2/3）	六白金星	九紫火星	三碧木星

※本命星、生まれ月、節入は年によって2～3日のずれが生じます。

別表　本命星と月命星が同じ場合の星の見つけ方早見表

本命星	月命星	九星	
一白水星	一白水星	九紫火星	
二黒土星	二黒土星	六白金星	
三碧木星	三碧木星	四緑木星	
四緑木星	四緑木星	三碧木星	
五黄土星	五黄土星	男性	八白土星
		女性	六白金星
六白金星	六白金星	二黒土星	
七赤金星	七赤金星	八白土星	
八白土星	八白土星	七赤金星	
九紫火星	九紫火星	一白水星	

してみましょう。これは本命星と月命星の位置関係から割り出されたもので、月命星よりもさらに深い場所にある、持って生まれた性格、才能、無意識の本音などを表しています。ただし、傾斜宮は単独で利用するものではなく、本命星や月命星と合わせて活用します。傾斜宮はこの2つの星がわかって、初めて導き出すことができるからです。

なお、本命星と月命星が同じ人の場合は「特殊傾斜宮」となり、通常の傾斜宮とは異なる手法で傾斜宮が決まります。次の「3－2　傾斜宮早見表」で、グレーの地の部分が特殊傾斜宮です。**特殊傾斜宮の人は普通よりも波乱に富んだ人生を送る傾向が強くなります。**また、神経質で繊細な人が多く、幼少期に病弱だったり、親との確執があったり、一本気な性格が多いのも特徴です。

ではさっそくご自身の傾斜宮を探し、長所と短所を把握していきましょう。あなたの意外な一面が、見えてくるかもしれませんよ。

【坎宮《かんきゅう》傾斜】頭脳明晰で冷静だが二面性を隠し持つ

◆長所

3－2　傾斜宮早見表

月命星＼本命星	一白水星	二黒土星	三碧木星	四緑木星	五黄土星	六白金星	七赤金星	八白土星	九紫火星
一白水星	離宮	乾宮	兌宮	艮宮	離宮	坎宮	坤宮	震宮	巽宮
二黒土星	巽宮	乾宮	乾宮	兌宮	艮宮	離宮	坎宮	坤宮	震宮
三碧木星	震宮	巽宮	巽宮	乾宮	兌宮	艮宮	離宮	坎宮	坤宮
四緑木星	坤宮	震宮	巽宮	震宮	乾宮	兌宮	艮宮	離宮	坎宮
五黄土星	坎宮	坤宮	震宮	巽宮	男＝艮宮 女＝乾宮	乾宮	兌宮	艮宮	離宮
六白金星	離宮	坎宮	坤宮	震宮	巽宮	坤宮	乾宮	兌宮	艮宮
七赤金星	艮宮	離宮	坎宮	坤宮	震宮	巽宮	艮宮	乾宮	兌宮
八白土星	兌宮	艮宮	離宮	坎宮	坤宮	震宮	巽宮	兌宮	乾宮
九紫火星	乾宮	兌宮	艮宮	離宮	坎宮	坤宮	震宮	巽宮	坎宮

■ 特殊傾斜宮

・順応性が高く、社交的で交際上手です
・器用で駆け引きが上手なうえに、気配りもスマートです
・義理人情に厚く、面倒見がよい親分肌です
・どんな場所でもすぐに馴染むことができます

◆短所

・他人に振り回されやすいところがあります
・苦労性の傾向があり、本心を打ち明けず、他人の意見を聞かないところがあります
・気位が高く、嫉妬心や猜疑心にさいなまれてしまうこともあります
・柔和な性格の中に強情な部分を隠し持っています

ワンポイント・アドバイス

計算高く、周囲の影響を受けやすいところは、長所にも短所にもなります。先見の明がある、周囲との調和を大切にするなど、長所としてこの特性を生かせば、運が開けます。

【坤宮《こんきゅう》傾斜】　地味ながら堅実なコツコツ型で成功をつかむ

◆長所

・堅実であり素直で従順、勤勉実直で温和な性格です
・コツコツと努力を積み重ねる、粘り強い努力家です
・地味ながら考察力や観察力に優れています
・人に好かれやすく、とくに年長者からかわいがられる傾向があります

◆短所

・小心者で決断力に乏しいところがあります
・石橋を叩いて確認したにもかかわらず、渡らないこともあります
・不器用なところがあり、スムーズに人間関係を築けない傾向があります
・意地っ張りで気難しく、高慢なところがあります
・ケチなところがあり、他力本願で人に頼り過ぎることも多いでしょう

ワンポイント・アドバイス

一世一代の大勝負に出ることはなく、大きな利益を瞬時に得ることは少ないでしょう。けれども地道な努力を重ねることで、着実に財を築くことができます。

【震宮《しんきゅう》傾斜】　先見の明はあるが目立ちたがり屋な一面も

◆長所

・活動的かつ積極的な性格です

・流行に敏感で時代を先取りする先見性を持っています

・新しいものが好きで、たくさんのアイデアを生み出します

・頭の回転が速く、一を聞いて十を知ることができます

◆短所

・自己中心的なところがあります

・人間関係のトラブルが多い傾向があります
・積極的なところが、軽率に見えてしまうことがあります
・見栄っ張りなため、軽はずみな行動に出てしまうことがあります
・負けず嫌いなわりに、気の弱いところがあります

ワンポイント・アドバイス

野心が強いタイプなので、目先の利益を追う傾向があります。その瞬発性と同時に、長い目で辛抱強く物事を見る目を養えば、さらなる幸運を引き寄せられます。

【巽宮《そんきゅう》傾斜】穏やかで優しいがつかみどころがないタイプ

◆長所

・協調性があり、穏やかで柔和な優しい性格です
・人の気持ちを汲み取り、理解する能力に長けています
・世話好きで、物事をまとめることが上手にできます

・どんなことも要領よくこなせます

◆短所

・用心深く、なかなか本心を見せません
・心の内側では人を軽く見ているところがあり、真の友人は少ない傾向にあります
・優柔不断で移り気なところがあります
・あれこれ考え過ぎて、取り越し苦労になることが多いです
・上辺だけは従うふりをして、内心ではそっぽを向いていることがあります

ワンポイント・アドバイス

人の気持ちを読むことが上手でバランス感覚にも優れているため、大きな失敗はしないタイプです。ただ、大きな成功をつかむには、ときには冒険することも大切です。

【乾宮《けんきゅう》傾斜】 正義感が強く潔癖なところも

◆長所

・正直で聡明で正義感が強い性格です
・芯の強さがあり、自然とリーダーシップを発揮します
・どんなことも許容する大らかさを持っています
・見返りを求めず人に尽くせるタイプです

◆短所

・正義感の裏返しで、強いこだわりが出てしまうことがあります
・警戒心が強く、潔癖症なところがあります
・人見知りが激しく、慎重になり過ぎてチャンスを逃すことがあります
・一見、社交的に見えますが、口下手なためコミュニケーションで失敗することも
・無意識のうちに「偉そうにして人を見下している」と誤解されがちです

ワンポイント・アドバイス

外では太っ腹な対応をしますが、家の中ではケチという一面を持っています。また、細かい事務処理などは苦手ですが、物事を大局的にみてまとめていく才能を持っています。

【兌宮《だきゅう》傾斜】　愛嬌と華やかさを持つが猜疑心が強い

◆長所

・愛嬌があり、サービス精神旺盛で、話術に長けています
・社交的で世渡り上手です
・器用で世話好きな多芸多才タイプです
・流行に敏感で、誰からも好かれます

◆短所

・見栄っ張りで神経質なところがあります

・つねにどこかで人を疑っています
・愛想はいいものの、陰で人の悪口をよく言います
・冷酷で非情な、殺伐とした感情も合わせ持っています
・自尊心が強いわりに、ささいなことで自信をなくす傾向があります

ワンポイント・アドバイス

どんな人とも仲良くなれる社交性を持っていますが、八方美人とみられてしまうことも。承認欲求が強いところがありますが、何ごとも如才なくこなす器用さを持っています。

【艮宮《ごんきゅう》傾斜】リーダーシップを発揮するが融通に欠ける一面も

◆長所
・実直で辛抱強く、一途な性格です
・手先が器用でこだわりが強い、職人タイプです
・人情味にあふれ、困っている人を放っておくことができません

・家庭的かつ倹約家で、周囲の人たちを大切にします
・どんなことにも粘り強く取り組むことができます

◆短所
・うぬぼれが強く、強情で頑固なところがあります
・融通に欠け、威張り散らす傾向があります
・人の意見に耳を貸さず「裸の王様」になってしまうこともあります
・落ち着いて物事に動じないように見えますが、意外と気分にむらがあります
・他人に対してケチなところがあります

ワンポイント・アドバイス

人の上に立って物事を進める人ですが、その反面、人に頭を下げることが苦手です。気位の高さを上手にコントロールすることが開運につながります。

第3章

【離宮《りきゅう》傾斜】　派手で陽気だが、わがままで見栄っ張り

◆長所

・陽気で感受性が強い性格です
・情熱家で思いついたら即行動するタイプのため、人目を引く傾向があります
・話し好きで弁才もあります
・知識欲が旺盛で先見の明があり、脚光を浴びることが多いです

◆短所

・短気かつわがままで、見栄っ張りな傾向があります
・うぬぼれが強く、どこか人を見下したところがあります
・人の話は聞くけれど、自分の話はしないところがあります
・名誉や名声に弱く、自分本位で浮気性な一面もあります

ワンポイント・アドバイス

よくも悪くも反骨精神が旺盛で、目上の人に立てつくところがあります。人間関係のバランスを上手に取れるようになると、幸せな人生を築いていけます。

【特殊傾斜】 本命星と月命星が同じで波乱にとんだ人生を送る

◆長所

・何ごとに対しても没頭してやりきるところがあります
・正義感にあふれ、弱い立場の人を放っておくことができません
・面倒見がよく、姉御肌、兄貴肌の人が多い傾向があります

◆短所

・自己主張が強いため、独裁的な人と思われがちです
・論理的思考が強く、理詰めで人を辟易させるところがあります
・頭の回転が速く、人を論破することに喜びを感じます

ワンポイント・アドバイス

こだわりの強さや面倒見のよさを生かし、他人への気配りを大切にしてください。そうすることで、自然と運が開けていきます。

第４章

今すぐ開運体質になるために

運気が上がるエネルギーの仕組み

第2章、第3章では、あなたの本命星、月命星、傾斜宮を知ることで、運気を高める方法をお伝えしてきました。でも、なぜこのようなことが起こるのか、不思議に感じている方もいるでしょう。ここでは、その仕組みについてお伝えします。

まず、簡単に言ってしまうと、運を高める方法とは、自分にとってプラスのエネルギーを取り込むことが基本となります。その最たる方法が「引っ越し」です。けれど、現実的に考えて、引っ越しはそう簡単にできるものではありません。その次に有効とされるのが、「吉方取り」（祐気取り）という方法です。これは自分にとってよい方位に旅行し、その場の地のものを食べたり、温泉に浸かったりしてよいエネルギーを取り込むというものです。

ただし、「引っ越し」も「吉方取り」も、その都度、細かく方位をみる必要があります。なぜなら、その人にとってよい方位というのは、年、月、日とそれぞれにある方位盤をもとに導き出す、非常に繊細な作業だからです。1日ずれたらまったく違う方位となってしまう場合もあるので、慎重にみていかなくてはなりません。

でも、これらの行動をとることが、なぜ運気アップにつながるのでしょうか。

それは、「引っ越し」や「吉方取り」と同じ理論で、自分にとってよいエネルギーを取り入れられるからです。このよいエネルギーとは、方位や場所が持つ「自然磁気エネルギー」のことを指します。自然磁気エネルギーは、地球にも私たち人間の体にも流れています。

４－１の図を見てください。左のように、自然磁気エネルギーが頭から足に通っている場合は、エネルギーが正常な状態で、運勢は勢いがあり物事も順調に進むようになっています。逆に右のように、自然磁気エネルギーが頭から足に抜けず、頭の上や足の下で渦を巻いている場合は、エネルギーが正常に流れていない状態なので、物事もうまく進みません。思うような人生を送れていない人、運が悪い人というのは、このような状態にあるのです。

そうした場合、自分に合った場所へ出向き、そこでプラスのエネルギーを吸収すると、

4－1　自然磁気エネルギーと運勢

それまでうまく流れていなかったエネルギーがスムーズに流れ始めます。すると、何ごとにも意欲が湧き、よい結果を得られるようになるというわけです。

逆に、自分の短所や欠点をそのままにしていると、さらにマイナスのエネルギーを呼び込み、エネルギーが停滞するという危険な状態になります。こうなると、何ごとにもやる気が起きず、さまざまな面でトラブルが発生してしまいます。

そうした状況から抜け出すためにも、「本命星」をチェックして、自分にとっての運気アップスポットに出かけると同時に、ご自身の「月命星」を見ながら弱点や欠点を克服していきましょう。そうすることで運気は勢いよく好転し始め、これまでとは違った世界を見せてくれるはずです。

今日からできる！　強運をつかむ浄化法

自分にとってよいエネルギーを取り込む場所に行くと、たくさんの「気」を取り入れることができ、心身ともに元気になって、自然と幸せが舞い込むようになります。ここからは、その幸せをさらに加速させていく方法をお伝えしましょう。

まず1つ目が、今からできる強運をつかむための浄化法です。あなたの家に箒《ほうき》とハタキはありますか？　もしなければ、ホームセンターなどで購入してください。もちろんこの2つでなくても、思いついたときに簡単に掃除ができるアイテムでＯＫです。これらの掃除道具を使い、家中を掃除することで、強力な浄化作用が得られます。

掃除の前に、まずは家の窓を全開にして喚気をよくします。新しい空気の流れを取り込み、部屋全体の気の流れをよくしておきましょう。その後、ハタキで部屋にたまったほこりを舞い上がらせて落とします。毎日これを続けることで、出てくるほこりはだんだんと少なくなります。

次に、箒でゴミやほこりを掃き出します。これを終えると、誰もがすがすがしい気分になるはずです。なぜだと思いますか？　部屋中のゴミやほこりを掃き出すと同時に、悪い気である「**邪気**」も一緒に除去されるからです。

便利な掃除機がたくさん販売されている現代ですが、あえてこのような掃除方法を取ることで、すがすがしい気持ちになり、運を呼び込むスペースをつくることができます。きれいになってスペースができた場所には、必ずよい運気が入り込みます。

ぜひ、箒とハタキを使って、部屋もあなた自身もきれいに浄化していきましょう。

観葉植物を味方につけて幸福を呼び込む

部屋の中がきれいになったら、毎日落ち着いて暮らせるよう、観葉植物を活用することをおすすめしています。ただし、サボテンは大凶の花といわれているので避けてください。サボテンと同じ多肉植物でも「金のなる木（黄金花月）」と呼ばれるものはＯＫです。

「アロエ」も大吉の植物といわれています。昔はアロエというと「医者いらず」ともいわれ、火傷やケガをしたときに患部に巻くと治りが早いといわれてきました。葉肉には健胃作用があり、便秘などにも効果的といわれています。なかでも、キダチアロエはとくにおすすめです。部屋を留守にすることが多く、頻繁に水やりができない方でも、これらの植物は比較的お世話しやすいでしょう。

このほか、丸い葉で人の気持ちを落ち着かせる作用があるといわれる「ホンコンカポック」、金運を高めるため「マネーツリー」「発財樹」という呼び名もある「パキラ」も、幸運を呼び込む植物とされています。

こうした観葉植物は、邪気があるところに置くと枯れやすくなります。植物の元気がないなと思ったら、部屋の喚起や掃除をして、気の流れを整えてください。

ある方から聞いた話ですが、その方の奥様はさまざまな観葉植物をとても上手に育てているとのことでした。少ししおれかけた植物をよその家からもらってきても、奥様がお世話すると、「見違えるように元気を取り戻すんだよ」と言っていました。

この話を聞いて、ピンときました。きっと、その奥様は植物にパワーを送っているのだろう、と。**「今日もきれいに咲いているね」「きれいに咲いてくれてありがとう」「今日はいいお天気だよ」**など、毎日植物に声をかけ、適度に水やりをしてお世話していると、植物は必ず反応してくれるものです。

実は私自身も昔、ナスを栽培したことがありました。もともと小さな竹である「篠」が根を張り、栽培には向かない土地だったのですが、幼稚園のバスを待つ間、娘と一緒に「ナスさん、がんばってね」と声をかけていました。

するとびっくりするくらい元気に育ち、立派な実をつけてくれたのです。やはり、植物でも人間でも、声をかけ、大切にお世話することでよい気を浴びて、すくすくと育ってくれるのではないかと思っています。

また、その家の運気がまわり始めると、植物もよい気を浴びるようになり、正気を取り戻すことがあります。鑑定にいらっしゃるお客様の中には「先生、うちに置くとなんでも植物は枯れてしまうんです」とこぼす方が少なくありません。

けれど、方位の力を活用して運気を取り戻すと「最近は、なぜか植物がものすごく元気なのです」とおっしゃるようになるのです。言い換えれば、これは家庭内がよい気で満ちあふれているということになります。

ホテルのロビーやお店などにも、観葉植物が飾られていることがありますよね。そういうときは、ぜひその状態をチェックしてみてください。植物がいきいきとしている場所は繁盛し、そうでないところは空席が目立つことが多いようです。

ぜひあなたの家も、観葉植物が元気に育つような、いい気にあふれた空間にしていきましょう。そうすることであなたの心身、そして運気も整っていきますよ。

第4章

4－2　おすすめの観葉植物

［シンゴニウム］
丈夫で育てやすい。
大吉の植物。

［サンスベリア］
マイナスイオンを放出する。丈夫で育てやすい。大吉の植物。

［パキラ］　発想力が高まる。大吉の植物。

［ポトス］　日陰でも育ち、丈夫。ただし日にあまり当てないと緑が薄くなる。大吉の植物。

［オリズルラン］
ポトス同様、育てやすく丈夫。大吉の植物。

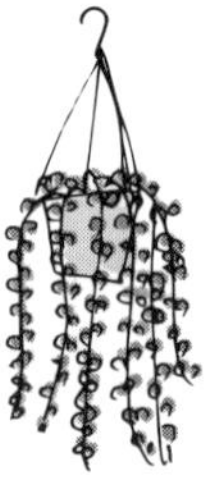

［グリーンネックレス］　小さめのサイズもあり、目隠しになりやすい。大吉の植物。

◎サボテン系のとげのある植物は、アロエを除き全般的に大凶なので注意。

幸せになる口癖を使おう

幸運をもたらす口癖としてよく知られているのが、感謝の気持ちを表す「ありがとうございます」です。人から「ありがとうございます」と言われて、いやな気持ちになる人はまずいないでしょう。とても嬉しく、この言葉を聞くだけで気持ちが晴れ晴れし、そこからの言動がまた新しい「ありがとうございます」を生み出します。こうした感謝の循環を生む言葉を口癖にしていると、自然と運気はアップします。

このほか、褒め言葉や相手が喜ぶ言葉も、幸せになる口癖としておすすめです。「**よくできたね**」「**よかったね**」「**おいしい**」「**うれしい**」「**幸せ**」などの言葉は、どれも相手を喜ばせ、周囲を幸福で満たします。

言葉には「言霊《ことだま》」というエネルギーが宿っています。そして口から出た言霊のエネルギーは、言った本人に跳ね返ってきます。幸せを生み出す言葉を、どんどん使うようにしましょう。よいエネルギーを自分の口から発すれば発するほど、喜びや幸せを引き寄せられるようになります。

小さな幸運に感謝できる人ほど開運する

鑑定を受けに来る方々を長年見ていますが、開運しやすい人というのが必ずいます。その方々の特徴は、どんなに小さな幸運でも、しっかりと気づいて喜び、感謝の気持ちを持てること。私は一度相談を受け、二度目にいらした方には、必ず前回のアドバイスの結果を教えてもらうようにしています。

たとえば、吉方位に引っ越したり、旅行に行ったり、神社にお参りしていただいたりした結果、どのような変化があったか、あるいはなかったかを必ず確認しているのです。

あるとき、金運を上げたいという方が相談に来られ、二度目にいらっしゃったときに、私はこのように尋ねました。

「その後、何か変化はありましたか？」

ところが、その方は首を横に振ってこう答えたのです。

「何もありませんでした」

「本当に、何もありませんでしたか？」

「はい。本当にまったく何もありませんでした」

何度聞いても、このような答えでした。けれど、細かく話を聞いていくとそんなことはなく、よいことは起きていました。加入したことすら忘れていた保険が満期になり、思わぬお金が入ってきたというのです。

「よかったですね。それも金運の1つですね」

このように申し上げると、その方はこう言われました。

「いいえ。この保険は私が自分のために掛けていたものです。もともと入ってくるべきお金だったわけですから、金運とは関係ありません」

この言葉を聞いて、正直がっかりしてしまいました。こういう態度こそが、なかなか開運できない人に共通して見られる傾向だったからです。小さな幸運を素直に喜ぶ心がなければ、その先の大きな幸運をつかむことはできないのです。

これと同じように、神社にお参りに行った後、たとえ小さくてもよい変化があったとき、素直に感謝の気持ちを持てるかどうかも重要なポイントです。このようにして、感謝の気持ちを少しずつ大きくしていった先に、人としての成功が待っているわけですから。

この本を読んでくださっているあなたには、たくさん感謝の気持ちを持っていただきたいと思っています。これこそが、間違いなく開運への近道となります。

その証拠に、こういう方々もいらっしゃいます。

「引き出しにしまい込んでいた1万円札が出てきました！」

「宝くじで３０００円が当たりました！」

「知人に貸して、あきらめていたお金が返ってきました！」

このような小さな幸せに心底喜び、わざわざ電話で報告してくださる方もいるくらいなのです。私がアドバイスした結果、すぐに大きな幸運をつかめる人もいますが、ほとんどの場合、最初に現れるのはささやかな幸運です。

この小さな幸運の種を素直に喜べる人だけが、徐々に大きな幸運をつかめるようになっていきます。逆に、小さな幸運にすら気づけない人は、大きな幸運の種がやってきても、気づかずにやり過ごしてしまうのです。

そんなもったいないことにならないよう、小さな幸運の訪れに感謝し、その延長線上にある大きな幸運を手にしていただきたいと思っています。

なぜ開運する人は神社に行くのか？

本書を手に取ってくださった方の中には、神社の参拝にもよく行くという方が多いかもしれませんね。なぜなら、方位や場所の力というのは目には見えません。けれど、そこに何かがあると感じて、この本を読んでくださっていると思うからです。これは、神様に対してても同じことだと思うのです。神様の力も目に見えませんが、方位や場所の力を敬う方々の多くは、神社へのお参りも大切にされ、よく参拝に行かれています。

なぜ、このように見えないものを敬う気持ちが生まれるのでしょうか。そして、こうした気持ちによって、なぜ運が開かれていくのでしょうか。

長年、鑑定家として多くのクライアントをみる中で感じていることですが、大きく開運したり、成功したりする方々は、それまでに必ずピンチを経験されています。倒産、リストラ、資金繰り、人間関係、家族の問題、病気などの危機に瀕して「万事休す。もう、だめかもしれない」と腹の底から感じたことがあると思うのです。

問題が重いほど、世間体が気になったり、無力感に陥ったりして、誰に相談してよいかわからなくなります。でも、苦しくて仕方がない。そんなとき、人は何にすがると思いますか？

困難を抱えて苦しみに苛まれているとき、自然と足は神社へ向くものです。自分にできることは全部やった。それでもまだ、困難は解消されない。もう、どうしていいかわからない。そんな必死の思いで、神様に手を合わせた経験のある人は、少なくないでしょう。

「神様、なんとかこの苦境を乗り越えさせてください！」

「このままでは一家離散です。なんとか助けてください」

現在、成功を手にして幸せな人でも、このような思いで、神社で手を合わせた経験が一度や二度は必ずあるはずです。そうして何度も苦難を乗り越えてきたからこそ、今日の成功や幸せを手にすることができているのです。

困難を乗り越えられたのは、神様のお陰かどうか、誰にも本当のところはわかりません。けれど、「助かった」「生きながらえた」というのは事実なので、神様に心から感謝して、次も頑張ろうという前向きな気持ちで生きられるようになります。こうした経験を繰り返すうちに、人は神様を敬うようになるのだろうと思っています。

そして、「何がなんでもこの苦境を乗り越えてみせる」という強い意志を持ち、「神様にお願いすれば、必ず乗り越えられる」と自分を肯定し続けること。これこそが、神社に通って開運する人たちに共通しているところではないでしょうか。

私自身も、神様を敬うことで数々の苦難を乗り越えさせてもらってきました。クライアントをみていても、やるべきことはすべてやったうえで神様に頼っている方々の多くが、実際に危機を脱出しています。

ぜひあなたも、ご自身の願いを実現するために意志を強く持ち、自分で自分を励ますことができるように、上手に神社とのご縁をつないでください。

願いが叶う、叶わないには理由があった！

私の経験上、真剣にお願いすれば、神様は必ず何かしらの手助けをしてくださいます。けれど、その一方で「今まで何度も神社に行ったけれど、願いが叶ったことなんて一度もない」という方にも、時々お会いすることがあります。

どのように参拝されているのかを聞くうちに、その原因はお願いの仕方にあることがわかりました。「願いが叶わない」という方々は、叶わないようなお願いの仕方をしているのです。

1つ例をあげるとしたら、神様に手を合わせたとき、「お願いしても、どうせ無理だろう。今までもだめだったし」「神様なんて、しょせん迷信だろう」などの考えも同時に持ってしまっていること。このような人の願いは、なかなか叶いません。

ここでぜひ、覚えておいていただきたいことがあります。それは、神様にお願いするということは、人にお願いするときとまったく同じだということです。神様のお気持ちを、人間の気持ちに置き換えて考えてみてください。

先ほどの例でいうなら、あなたが誰かから何かを頼まれたとします。このとき、相手が「どうせ聞いてくれないでしょ」「前もだめだったけど、一応お願いしてみるか」という態度だったら、どう思いますか？　何かをしてあげたいという気持ちは、起こらないと思います。もっと言うと、「だったら、他の人にお願いして」と、突き放したくなるかもしれませんよね。

けれど、「本気でこれをしたいのでお願いします！」「あなたにぜひ、お願いしたいのです！」と熱意を持って頭を下げてくれたら、どう思うでしょうか。この場合、誰もが「なんとかしてあげたい！」と思うでしょう。

神様を信用しない態度でいくらお願いをしても、神様は積極的にその願いを叶えようとはしてくれません。その結果、「ああ、叶わなかった……」と、ますます神様を信じなくなるという悪循環に陥ってしまうのです。願いを叶えたいなら、まずはここから抜け出さなくてはなりません。神様を心底信じて、自分の中の情熱に火をつけて、一生懸命にお願いしてみることから始めましょう。


これと同時に、一度神様にお願いしたら、その願いごとに対する執着心を手放すことも大切です。神社を参拝した後も、「まだ叶わない」「どうして叶わないの？」「あんなにお願いしたのに」など、四六時中そのことばかり考えていたり、神様に対して疑念を持ったりする人がいますが、このような場合も願いは叶いにくくなります。

また、なかには「この願いは絶対に叶えてくれないと困ります！」など、神様に願いの実現を強要したり、「いつ叶えてくれるのですか」「どうしたら叶えてくれるのですか」などと食い下がったりする人もいます。

この場合も、神様を人に置き換えてみてください。誰かに頼みごとをするとき、こんな

第4章

ふうにしつこく「どうなっているの？」と尋ねたり、強要したり、食い下がったりしますか。そんなことをしたら、相手からは「今回はごめんなさい。無理です」とお断りされてしまうのが関の山でしょう。

逆に、あなたが誰かからこんなふうにお願いをされたら、どう思いますか。気分が悪くなったり、怖いと思ったりするのではないでしょうか。そして、そんな人の願いを叶えるのはごめんだ、と思うでしょう。

ご神徳が現れ、願いが実現するには、それなりに時間がかかるものです。神様はすでに手を打ってくださっているかもしれないのに、「まだ叶わないのですか」などと言うのは、本当に失礼なことです。

こうした言動は、願いが叶うのを妨げてしまうので、本当に願いを叶えたいのであれば避けてください。神様にお願いしたら、あとはすべてをお任せして待ちましょう。神様が動いてくださっている間に、自分にできることを精一杯しておきましょう。こうした心掛けを大切にすることで、あなたも「願いを叶えてもらえる人」になっていくはずです。

自分と相性のよい神社の見つけ方

人間社会でのおつき合いと同様、神様と人の相性にも波長が合う・合わないがあります。人に相談するときでも、なんとなく話しやすく相談しやすい人がいれば、そうでない人もいるでしょう。神様と人間の間にも、これに似た関係があります。

テレビや雑誌でよく紹介される有名な神社なら、誰でもご利益を得やすいというわけではありません。あまり知られていない神社でも、自分と波長が合う神社にお願いするほうが、願いごとは確実に、しかも早く叶えられます。

さまざまな神社に行って御朱印を集めるのが好きな方もいるようですが、有名な神社をいくつも参拝してまわるより、自分にとって相性のよい神社を見つけ、そこの神様とじっくり親しくおつき合いさせていただくほうが、開運するスピードが速くなります。

では、相性のよい神社かどうかを知るには、どうしたらよいのでしょうか。

答えはいたって簡単です。何度か参拝してみて「なんとなくここが好き」「また来てみたい」と思えるなら、その神社はあなたと波長が合うということ。**ここで大切なのは、思考を優先させるのではなく、ご自身の感覚と直感を優先させることです。**

最初のうちは、いろいろな神社に行ってみるのもよいでしょう。たくさん参拝するうちに、その場にいて心地よい神社とそうではない神社がわかるようになります。

美しい森が後ろに控え、誰が行っても「空気感が違う」とわかるようなご神気の高い神社もあれば、大勢の観光客で賑わい観光地化している神社もあります。そういう神社に行って「騒がしくて落ち着かない」と感じるか、「賑やかで楽しい気分になれる」と感じるかは人それぞれです。実際に参拝して、ご自分の感覚を頼りに確かめてみてください。

自分の感覚と直感を優先させることが大切とお伝えしましたが、私たちは忙しい現代の生活の中で、思考優位の生活を続けているがゆえに、感覚や直感を見過ごしてしまうことが多々あります。そのため、神様からの大切なサインを見逃して、運気を後退させている人がなんと多いことか。幸せになりたいなら、自分の感覚や直感を大切にすることも、実はとても重要なポイントとなるのです。

「虫の知らせ」という言葉を聞いたことがあるでしょう。身内や知り合いに不幸があったとき、なんとなく嫌な予感がしたり、久々に学生時代の友人のことがふと頭をよぎったと思ったら、その日の夜に電話があったり。

人間にはもともと身の危険を察知したり、遠く離れた場所の情報を感知したりする能力が備わっています。その力の強弱には個人差がありますが、必ず誰にでもこの力は備わっており、神社に参拝したときには、それが神様と呼応するのです。この力を生かして、「なんとなくいい」と感じるか、「ちょっと落ち着かない」と感じるかを見極め、自分と波長の合う神社を見つけていきましょう。

知っておきたい！　参拝の基本作法

すでにご存じの方も多いと思いますが、神社に参拝したときの基本作法を、ここで一度おさらいしておきましょう。

①軽く一礼してから鳥居をくぐります。鳥居の真ん中は神様の通り道ですので、右か左かどちらかに寄って歩きましょう。

②手水舎では次の手順で手や口を清めます。
・右手で柄杓《ひしゃく》を持って水をすくい、左手に少しかけて清めます
・左手に柄杓を持ち替え、右手に少しかけて清めます
・右手に柄杓を持ち替え、左手で水を受けて口をすすぎます
・もう一度、左手に水をかけて清めます
・柄杓を両手で起こして、柄の部分に水を伝わらせて清めます
・元の位置に柄杓を戻します
③参道を通り、本殿の前へ進みます。
④賽銭箱の前に立ち、会釈してお賽銭を入れます。
⑤鈴があれば、鈴緒を持って鳴らします。
⑥2回お辞儀をしてから、柏手を2回打ちます。両手を合わせてお願いごとをしたら、最後に一礼します。これが一般的な「二礼二拍手一礼」の作法となります。

神様に対する礼儀をもっとも端的に表す作法が「二礼二拍手一礼」です。気持ちを込めて丁寧に行いましょう。柏手を打つときは、手を胸の高さに上げ、右手をやや下にずらし

4－3　参拝の基本作法

軽く一礼してから鳥居をくぐる。鳥居の真ん中は神様の通り道なので、右か左に寄って歩く。

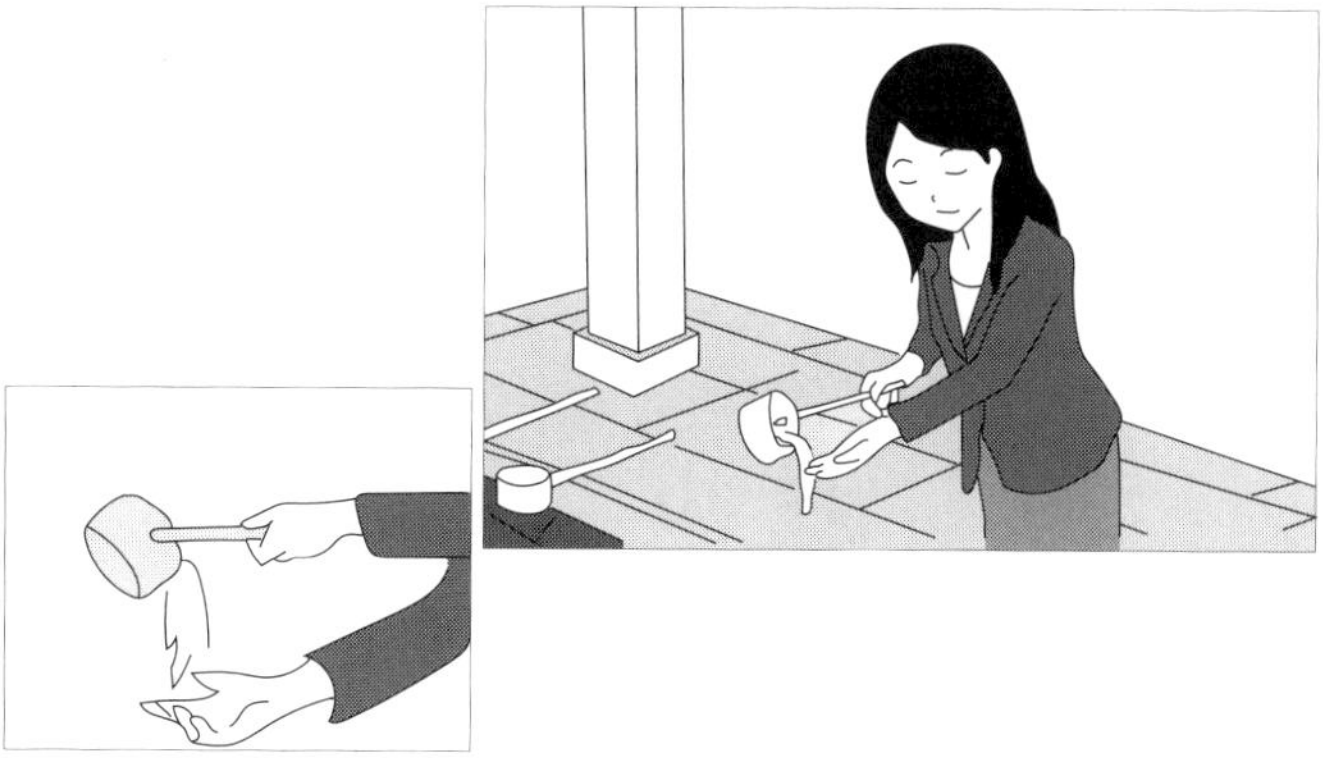

手水舎では、柄杓を右手に持ち、左手に水を少しかけて清め、左手に持ち替えて右手も清める。

柄杓を右手に持ち替えて、左手で水を受けて口をすすぐ。再度左手を清めたら、柄杓を両手で起こし柄の部分を清めて、元の位置に戻す。

本殿の前へ進み、賽銭箱の前に立ったら会釈をする。賽銭箱にお賽銭を入れ、２回お辞儀し、柏手を２回打ち、お願いごとをしたら、最後に一礼する。

た状態で打つと、音が高く響きます。音を響かせると、魔除けになるのと同時に、神様へのご挨拶がより伝わりやすくなります。

願いごとは1つに絞って具体的に

以前、漫談家の綾小路きみまろさんがおっしゃっていて、思わず笑ってしまったことがあります。

「お賽銭、100円玉をチャリーンと入れて、その後に並べるお願いの多いこと」

実際に、お願いを欲張る人がとても多いのです。

でも、よく考えてみてください。仮に、100円玉のお賽銭で10個のお願いをしたら、お願いごとは1つ10円ということになります。それで何もかも叶えてもらおうというのは、少々虫のいい話だと思いませんか。

神様にきちんとお願いごとをするときは、一番叶えたいものを1つだけに絞ります。そして、そのお願いごとを具体的に神様に説明するのです。たとえば、合格祈願だったら、どこにあるなんという学校にいつ入りたいのか。お金の融通だったら、いつまでにいくら必要で何に使いたいのか。仕事だったら、業績を上げたいのか、異動したいのか、お給料を上げたいのか。どんなお願いにしても、望んでいることを明確にお伝えします。

そして、最後の大事なポイントは、迷わず一心に願うことです。「叶うかな、叶わないかな……」「叶わなかったらどうしよう」などと迷いながらお願いすることは、神様に対して失礼です。それよりも、「この願いは叶う。よろしくお願いします！」と、迷わずにお願いしましょう。

神社へ行くなら手遅れになる前に

これは声を大にして読者の方々にお伝えしたいことです。

神社に参拝するなら、手遅れになる前に出向きましょう！

状況が悪化する中、何とか自力で解決しようともがいた末に、最悪の状態になってから慌てて神社に駆け込む方が非常に多いのです。神社によってはお願いごとをしてからご神徳が現れるまでに1年、早くても半年ほどかかる場合があります。その間に持ちこたえられず、会社が倒産したり、家族がバラバラになってしまったり、病気がより悪化してしまってはなんの意味もありません。

そんなことにならないよう、日頃から神様とは親しくおつき合いさせていただきましょう。普段から神社に参拝して手を合わせていれば、氏神様や産土神様の場合は、早ければその日のうち、遅くても3カ月以内にはご神徳が現れるといわれています。

氏神様とは現在住んでいる場所の神様、産土神様とは生まれた場所の神様、神社になります。こうした神様は、もともとあなたのことをよくご存じなので、何かあったらすぐに手を打つことができるというわけです。

もちろん、氏神様や産土神様でなくてもかまいません。あなたにとって波長が合う、頼りにできる神社を見つけて、定期的に参拝するようにしましょう。

お礼参りをすぐにすると次の願いも叶いやすい

多くの人が忘れがちなのが「**お礼参り**」です。神様への願いごとが叶ったら、すぐに神社に出向いてお礼参りをしましょう。お礼参りは早ければ早いほどよいです。なぜなら、お礼参りをすると、次にするお願いごとがさらに叶いやすくなるからです。神社という場所は、願いが叶えば叶うほど、もっと叶いやすくなるという性質を持っているのです。

でも、お礼参りをすると、なぜ願いごとが叶いやすくなるのでしょうか。

これも人間関係に置き換えて考えてみると、よくわかります。たとえば、あなたがある人から「人を紹介してもらえませんか？」と頼まれたとします。そこで知り合いのAさんを紹介したところ、話がうまくまとまり、Aさんは新しい仕事をもらうことができました。このとき、すぐにAさんから「お陰様で新しく仕事をいただくことができました。ありがとうございました」と丁寧なお礼があったら、あなたはどう思うでしょうか。

「機会があれば、また紹介してあげよう」と思ったり「ほかにもこういう人がいるから、紹介しようか」と言ったりして、さらにご縁をつなげようとするかもしれませんよね。

神様も同じです。すぐにお礼に行けば、「手を貸してよかった」と思い、次のお願いも叶えてあげようとしてくださるのです。けれど、お礼をしなければそれっきりで終わってしまいます。受験や就職のときは、あれだけ懸命に神様にお願いしたのに、その後のお礼参りをしていないという人はいませんか？

これは神様に失礼ですし、せっかくのチャンスを自ら手放しているのと同じことです。

願いが叶ったときは、神様との関係を密にするチャンスですから、すぐにお礼参りに行きましょう。

お願い上手な人は、こまめに神社に参拝しています。もっと言うと、願いが叶わなかったときでも、お礼参りをしています。「願いは叶いませんでしたが、これは私の不徳です。神様にはお力を貸していただき、ありがとうございました」ということを伝えに行っているのです。

先ほどの例でいうなら、あなたはAさんを紹介したものの、そのときは仕事に結びつかなかったとします。それでもAさんから「今回は仕事に結びつかなかったけれど、ご紹介くださり、ありがとうございました」と丁寧なお礼と感謝の気持ちが届くのと同じこと。こういう人には、次に何かチャンスがあれば、与えてあげたいと思うのが人情でしょう。そして、神様もきっと同じことをお考えになるはずです。

以前、倒産寸前の状態で、鑑定を依頼してくださった経営者の方がいらっしゃいました。その方は私が紹介状を書いた神社へすぐに参拝し、そこから仕事がうまく回り始めました。その後、すぐにお礼参りに出向き、今でも定期的に神社に足を運んでいます。その結果、今では笑いが止まらないほどたくさんの仕事を手掛け、莫大な収益を上げています。

この方はお礼参りを上手に積み重ね、神様と良好な関係を構築できた、非常によい例といえるでしょう。神社ではお礼参りこそが肝となることを、しっかり覚えておいてくださいね。

この章の最後に、おまけとして読者のあなたに開運をもたらすとっておきの「場所」をお教えしましょう。暗い状態では運は開けません。明るい気持ちでいることが開運への近道です。そこでおすすめしたいのが「寄席」です。ぜひ、落語を聴きにお出かけください。テレビやビデオでは開運にはつながりません。笑いのある軽やかな気に包まれた場所に身を置くことが大切なのです。

もう1つ、「ディズニー映画」を見ることもおすすめです。カラフルで美しい世界観にどっぷりと浸ってください。映画館を出るときには、暗い気持ちもすっかり消えていることでしょう。こちらもテレビやＤＶＤでは効果はありませんので、ご注意ください。

第５章
引っ越しでさらに運気を上げる

なぜ、引っ越しで運が開けるのか？

大開運を目指すなら、最終的かつもっとも理想的な方法が「引っ越し」です。

たとえるなら、引っ越しは木を根っこごと引き抜き、その木の成育環境として最高の場所に移し替えるようなもの。すべてが好転しないわけがないのです！　**金運、仕事運、家庭運、恋愛・結婚運、進学・就職運など、すべてが幸運に結びつく大開運を目指せるのが、引っ越し**なのです。

ではなぜ、引っ越しが一番よい方法なのか？　たとえ話でご説明します。

ここに同じ種類の木で珍しい果実をつけるものとしてA、Bの2本があるとしましょう。Aは貧弱でヒョロヒョロしているので1000円、Bは堂々とした枝ぶりなので1万円で売られています。

ある日、AもBも買い取られていきました。1000円のAは日当たりがよく、土地も肥えていて水はけのよい場所に植えられました。1万円のBは竹やぶがあり、日当たりが悪く、粘土質で水はけの悪い場所に植えられました。その後、5年、10年と経ったとき、

AとBはどうなったと思いますか。

あんなに元気で堂々としていたBは、まったく育たず、実もつけませんでした。一方、貧弱だったAは見違えるような大木となり、果実もたくさん実りました。そして、この果実は珍しいものだったので高額で売れ、さらなる利益を生み出すようになりました。置かれた環境次第で、大きく立派に変わることもあれば、衰えてしまうことにもなるのです。

環境は方位と言い換えることができ、これこそが引っ越しの威力であり、方位の持つ力といえるのです。こうした力は、人の場合でも同じことが言えます。もし、今の場所でなかなか開運できないのならば、ぜひ、大きく運を動かす引っ越しを、視野に入れていただけたらと思います。

なお、その場合は必ず信頼できるプロに鑑定をお願いしてください。家族がいれば、全員の運気に関わるものですし、それだけ緻密に考えて行わなければならないからです。せっかく幸せになるために、時間とお金をかけて引っ越しをしたとしても、方位を間違えていたら元も子もありません。

このように開運を目指して引っ越し、大きな運気をつかんだ方々の実話を紹介します。

体験談① 吉方位への引っ越しで仕事運が開けた！

いくら方位がよくても、物件の環境が悪いと、なかなか開運につながりません。これまで鑑定してきた中でも、よく問題となるのが「音」です。近隣からの音で、ノイローゼになってしまう方もいるくらいです。ただ、音というのは感じ方に個人差があるので、引っ越し先を見つける場合には、必ず実際に物件を見に行き、確認することが大切です。

以前、クライアントのBさんは、近隣の音に悩まされて心身ともに非常に消耗されていました。もともと、その場所に凶方位で引っ越しをしていたことも相まって、精神科を受診する一歩手前まで状況が悪くなっていました。

そんなBさんは30代の男性で、フリーランスでナレーター・声優業をされていました。2021年6月に鑑定にいらしたときは、疲労困憊《こんぱい》のご様子で、「神社に行って、何度も方位除けのご祈祷をしてもらっているのですが、まったく改善しません」と深刻に悩んでおられました。Bさんのエネルギーが枯渇しているように見受けられたので、「早めに引っ越しをしたほうがいい」という鑑定家としてのカンが働きました。

そこで「お引っ越しをされてはいかがでしょうか」とすすめましたが、「そうしたいのですが……そう簡単にはできません」とため息をつかれていました。

心身ともにお疲れのご様子で、新居を探す気力も湧かなかったのだと思います。そこで、不動産会社に勤めている私の娘の力を借りました。めぼしい物件を見つけては、Bさんにご紹介していったのです。


物件を探す際、娘が同行すると、Bさんは窓を開閉したり、壁を叩いたりして、近隣からの「音」を細かく確認されていたそうです。

「音が気になられるのですよね。ただ、マンションや戸建てといっても、山奥の一軒家でない限り、音がまったくしない物件はないと思いますよ」

娘がそのようにお伝えしても、「ちょっとこの部屋は音が響く」「目の前の道路の音が気になった」などとおっしゃり、最初はなかなかよい物件に出合えませんでした。

お仕事柄もあるのか、Bさんはとにかく音に敏感な方だったのです。こちらには、わからない音を聞きとってしまっては、「外から音が入ってくる」「上の音が響く」などとおっしゃり、娘も困っていました。

実は当初、「引っ越すなら自然豊かな多摩地域周辺で、近くにはテニスができる環境がほしい。マンションの最上階の角部屋で、音がしない場所がいい」など、さまざまな条件を出されていたのです。けれど、これらをすべてクリアする物件は、なかなか出てきません。

そこで、まずは一度、吉方位へ旅行に行ってもらうことにしました。すると、「すごくよかった。吉方への旅行を続けたい」と話していました。そこで、定期的に方位取りをしてもらったところ、少しずつ気力・体力がついてきました。Bさんご自身がとても明るくなり、前向きになってきました。そのうちに収入が増えたり、海外からの仕事が舞い込んだりして、経済的にも安定していきました。

当初は細かな条件に見合う物件を探し、「こういう物件がなければ引っ越さない」というかっちりしたお考えだったBさんですが、吉方位への旅行が功を奏し、だんだんと気持ちが大らかになるのと同時に、物件への条件も緩んできたのです。

最初は「最上階の角部屋でなければ困る」などと強いこだわりを持っていたため、家賃や間取りを考えると、その条件に合う物件が見つからずにいました。けれどある日、急にポンッと運よく最上階の角部屋が出たのです。

これも吉方位の効果の1つでした。よい方向で探していれば、必ず方位が味方をしてくれて、その人に合った物件に出合えるものなのです。

また、Bさんはお仕事がフリーランスだったので、審査のときは確定申告の書類を提出する必要がありました。このときも、所属していた団体で社員になるという話が出ていたため、管理会社にその旨を伝え、審査もスムーズに通りました。

最初、Bさんからご相談のメールをいただき、実際にお会いすると、心身ともお疲れのご様子だったので、「この方が幸せになれるように、方位で何ができるだろうか」と正直、不安もありました。けれど、吉方旅行に数回出かけた後、3軒の物件を見ただけで、最上階の角部屋という条件に見合う部屋が出てきて、すんなりと契約が決まったのは、やはり吉方位の力が働いていたからだと思っています。

吉方位での物件探しと、吉方取りの旅行を同時に行ったことで、みるみるうちにBさんの運気は好転したのです。最終的には希望通り最上階の角部屋に決めて、無事、引っ越しをすませました。

新居に越されてからも毎月のように鑑定に来られて、今ではつねにニコニコされていま
す。少し前まで、疲労困憊して「隣の音が気になる」とおっしゃっていた方とは思えない
くらいです。これからもよいお仕事、よい人生を送っていただくために、サポートしてい
きたいと思っています。

体験談② クリニックの開院でさらに運気が上がった!

最近では開業医の先生方も、クリニックをオープンさせる前に、近隣の方々に向けて内覧会をすることが多いようです。2020年6月、クライアントの1人である内科医の先生が開業されました。仮にE先生としましょう。E先生はもともと、都内の大学病院で内科部長をされていました。

「それなりの肩書きがあり、生活も充実しているのですが、開業は私の夢であり、両親の夢でもあります。いずれ、独立して開業したいと思っています」

そうおっしゃって、私の元に鑑定依頼で訪れたのは、２０１９年1月のこと。まずは、E先生にとっての吉方位へ旅行に出てもらい、よいエネルギーを取り込む吉方取り（祐気取り）をしてもらうことにしました。

そうした中、新型コロナウイルスのニュースが世界中に広がり、不要不急の外出を避ける自粛が始まりました。けれど、E先生は着実に吉方取りをされ、吉方位でクリニックにふさわしい物件を探し続けていました。

するとある日、とてもよい物件に巡り合えたのです。E先生から「ここはどうでしょうか？」と、その間取り図や写真が送られてきました。「ここなら、大丈夫！」と思ったので、「ぜひ、ここにしてください」と返事をしました。

この物件にした場合、入口はこの方角、受付はここ、処置室はここ、診察室はここ、待合室はこのような間取りになど、方位だけでなく家相も含め、クリニックの開業までをサポートさせていただきました。

こうしたやり取りは、スピード勝負でもあるので、ＬＩＮＥで写真や動画などのやり取りをして、すぐに決めていただくことができました。方位からの応援があったことで、物件・内装工事・発注した医療器具もすべて順調に揃い、無事に内覧会の日を迎えることができました。

それでも、E先生にとっては馴染みのないエリアでの開業です。吉方位ではあるものの、「患者さんは来てくれるだろうか……」という気持ちもあったと思います。ところが、いざ内覧会を迎えてみると、それは杞憂に終わりました。

当日は約150名の方々がクリニックを訪れ、お祝いのお花や観葉植物は、トータルで50個も届いたそうです。すぐにE先生から、喜びのメッセージがLINEで届きました。

「いただいた胡蝶蘭は25鉢ほどあり、すべて自宅に持ち帰るのは困難だったのですが、母親に手伝ってもらい、なんとか6鉢を車に積んで持ち帰りました。クリニック内は、まるで花屋さんのようです！」

こうした現実も、E先生のお人柄があってのことだと感じ、私も胸をなでおろしました。

そして、いよいよ開院日当日。なんと、患者さんが77名も訪れ、朝9時から夜7時半まで、昼休みなしで診察が続いたというのです。こちらのクリニックは、保険診療のみなので、これだけの患者さんが訪れるのは、本当にすごいことだと感じました。

「柴山先生、ありがとうございます。嬉しい悲鳴ですが、患者さんを待たせなくてはいけないのがつらいところです」

この日の診療後、E先生から届いたLINEの最後の一文に、先生の医師としての在り方が表れているように思ったことを覚えています。

開院日の様子（お祝いのお花は一部）

私の考える方位学鑑定とは？

私は30年以上の経験をもとに、引っ越しであれば、ご本人とそのご家族の皆様すべてにとって最善の方角と、引っ越しに適した日時を割り出し、間取りの良しあしなどもアドバイスさせていただきます。

すぐに引っ越しができない場合などは、吉方に旅行することをおすすめしています。こうした吉方取りを続けることで、多くの方々が「**気持ちが前向きになった**」「**体調がよくなった**」「**ラッキーなことが起きた**」などと、その吉作用を体感されています。

その方が今どのようなことでお悩みなのか、これまでどのような方位に動かれてきたのかを割り出し、その対処方法をお答えしています。結果、多くの方々が望みを叶えています。そして、引っ越しをされた場合、その吉作用は永続的に続きます。

たとえば、家族3〜4人の引っ越しを考えている場合、ご家族全員を一人ひとり鑑定してその対応策を考え、引っ越し先の物件を見てはOK・NGを出し、さらに引っ越しの時期を割り出します。ご家族1人も漏れることなく、場所の検討段階から、引っ越しして暮らし始めるまで、運気が上を向くよう、すべてに気を配りながら責任を持ってアドバイスさせていただいています。

目に見えないけれど確かにその影響を感じながら、数々の引っ越しをしてきた私自身の体験を通して、確実に運がよくなる方法を伝授すべく、毎回ご相談にのっています。

私自身、引っ越しという「方位を活用した大移動」を非常に重要視しています。引っ越しによって運気がよくなる方をたくさん見てきましたが、方位にもてあそばれるように、運気が悪くなっていく方も同じくらい見てきているからです。

なお、中にはすでに家を購入して引っ越してしまった方や、なかなか次の引っ越しができないという方もいらっしゃいます。そのような場合でも、必ず開運するための方法があります。

どうにも身動きが取れなくなってしまう前に、ぜひ一度、ご相談ください。幸せになることをあきらめてはいけません。必ず、そのための道は見つかります。

大開運する方法は大金持ちになる方法と同じ

引っ越しや吉方取りをすることで、着実に運気が上がり、幸運をつかむことができます。けれど、その後もさらに大きな開運を続けていくには、ちょっとしたコツがあります。

序章でご紹介したKさんは、コロナ禍にもかかわらず新店をオープンさせ、以前のお店と比べて3倍以上の売上を出しました。彼女は今も、吉方旅行に出かけて、方位の力を着実に取り入れています。

そう、彼女は引っ越しで開運したのにとどまらず、ずっと吉方旅行を続け、運を蓄積し続けているのです。

その結果、2020年当初は1人で切り盛りしていましたが、2023年春には素晴らしいスタッフたちに支えられ、「もう私がいなくてもお店がまわるようになってきたので、助かっています」といつもニコニコ、笑顔で接客しています。

この店で出されるおばんざいも日本酒も素晴らしい味わいでどれもおいしく、来店するお客様もよい方々ばかりで、スタッフの皆様もとても雰囲気がいい。こうしたよいエネルギーが巡り巡って、このお店のさらなる繁盛につながっているように感じています。もちろん売上も、序章では3倍と記してありますが、あれは2020年の開店当初の話。3年後の現在では、2号店を出す計画があるということです。

もちろん、幸せになりたい、独立起業したい、結婚したいなどの思いから引っ越しをして、その思いを叶える方々はたくさんいらっしゃいます。引っ越しによって目的をクリアする。それだけでももちろんよいのですが、もっと運気を高めて、まだ知らない幸せな世界を見てみたいという方々は、引っ越しした後も方位の力を取り入れています。

これを思うたびに、1987年にヒットした映画『マルサの女』の1シーンが脳裏をよぎります。国税局査察部統括官の花村（津川雅彦）が、「どうやってそれだけ巨額の金をつくれたのか」というようなことを、巨額の脱税をしていた経営者・権藤英樹（山﨑努）に尋ねます。

すると、権藤はニヤリと笑いながら、「蛇口から少しだけ垂れてくる水をコップにためて、コップの中の水が満タンになって、そこからあふれた分だけを飲んでいるからだ」と答えます。凡人は、コップに水をためても、半分くらいたまると飲んでしまうから、いつまでたっても満タンにならない、というのです。

これと似たたとえですが、0円を300万円に増やすには、相当の努力が必要です。けれど、300万円を500万円に増やし、500万円を1000万円に増やすのは、意外と簡単にできることなのです。

方位で大きな幸せをつかむときにも、これと同じことがいえます。もちろん、数カ月で効果を実感できるのが方位学のすごさですから、目的をクリアするだけでよいという考え方も間違いではありません。そして、さらに豊かな幸せを手にしたい場合でも、その願いを着実に叶えることができる。これこそが、方位の奥深さ、そしてこんこんと湧き出る開運パワーなのではないかと思っています。

引っ越し鑑定は方位学のプロにしかできない

引っ越しや吉方取りで確実に効果を出すには、その人にとって「一番よい時期」に「一番よい方位」に動くことが絶対です。ただ、その時期や方位を決めることは、方位学のプロ以外には無理でしょう。なぜなら、吉方位はその人の「月命星」「本命星」から割り出すので、1つだけとは決まっていません。また、すべての人にとっての吉方位というものもありません。

さらに、方位というのは1日のうちでも吉凶の変化があり、1カ月、1年と月日が巡る中でつねに吉方位は変化しています。そのため、あのときは吉方位だったけれど、今は凶方位になっていることもあるのです。

こうしたさまざまな事象を合わせてみながら、その人が「**いつ**」「**どこに**」行くのがベストなのかをご指導するのが、私たち方位学の鑑定家の仕事です。

本書で紹介してきた事例では、すべてその方の、そのときに合わせた吉方位に向かって、引っ越しをしたり、吉方取りの旅行に出かけたりしています。

鑑定家はその人の星回りを徹底的に調べ、移動する一番よい時期と方位をお教えします。また、その物件の家相などもみて細かい注意点を指導し、的確なアドバイスをしながら、**その人の願いごとが叶うよう**、徹底したサポート体制で行っています。だからこそ、必ず運が開け、幸せが舞い込むようになるというわけです。

ですから、着実に運を味方につけていきたい方は、方位学を活用しています。そして、一度やったら、**やめられない、止まらない**（笑）。そうやって方位を活用し続ける人たちが本当に多いのです。そのくらい強力な効果が出るのも、方位学の特徴といえるでしょう。

方位学は数千年にわたって研究され、活用されてきた学問です。ですから、理論も無数にあり、確固たる知識と経験がないことには、きちんとした鑑定結果を導き出すことはできません。

それにもかかわらず、にわか勉強で得た知識で、あたかも専門家のように助言し、周囲の人に迷惑をかけている方もいるようです。ご本人はそのつもりはないかもしれませんが、一歩間違えると大変なことになります。鑑定の生兵法は、大ケガの元です。素人の鑑定家

第5章

さんからの助言には、くれぐれも注意していただきたいと思います。

実際、私のところにいらっしゃる方々の中にも、なぜこんな凶方位に引っ越してしまったのか、首をかしげるような方々がいます。そこで、誰かに鑑定をしてもらったのかを尋ねると、多くの方が「親戚の人にみてもらって……」「友人にみてもらった……」などとおっしゃるのです。くれぐれも、素人の鑑定だけで動くことはしないでください。

一方、私のところに鑑定に来られる方の中にも、中途半端に自己流の勉強をしてきて、いろいろと口を挟む方がいらっしゃいます。それだけでなく、「だって先生、これはこうでしょう？」などと言って、勝手に動いてしまう人さえいます。これでは、何かあったときに責任を取れません。

誰にでも共通する8つの凶方位

引っ越しをする場合の吉方位は、万人に共通ということがなく、その都度変わっていくので、プロの鑑定家にみてもらわないと導き出すことができません。けれど、そこに引っ越すと必ず災厄が降りかかる凶方位には、万人に共通のものがあります。

引っ越しをした後によくないことが続く場合、引っ越した方位が凶方位であることがほとんどです。また、旅行や留学などで凶方位に行ってしまった場合も、悪いことが起こる可能性大です。

方位学の流派によっては、六大凶殺、八大凶殺、十大凶殺などと数が異なりますが、ここでは私がどうしても避けなければならないと考える8つの方位をお伝えします。なかでも「五黄殺」と「暗剣殺」は二大凶殺といって、8つの中でもトップクラスの大凶方位になるので、注意する必要があります。

◆五黄殺　自分の失敗で厄災を招く方位

五黄土星は帝王の星といわれていますが、その反面、すべてを腐らせて土に還す星でもあります。そのため、凶作用を持つと、**盗難**、**災難**、**失敗**、**病気**、**不幸**、**貧困**、**破壊**、**破滅**などといった、悪いことが徹底して起こります。さらに、これらの厄災は自分の失敗により招いてしまうのが特徴です。この方位に行った場合、病気ではガンに要注意。とくに、胃ガンには気をつけなくてはいけません。

◆**暗剣殺**　自分が注意しても防ぎようのない厄災がふりかかる方位

外側からの力で突発的、偶発的に起こる厄災に見舞われます。しかも、これらの厄災は名前の通り、暗闇の中いきなり剣で刺されるようなもの。いくら注意しても、盗難、災難、失敗、病気、不幸、貧困、破壊、破滅、言葉巧みな詐欺など、防ぐことができません。同じ盗難でも、五黄殺の場合は自分のミスでものを盗まれるのに対し、暗剣殺の場合はしっかり戸締りをしても外から力ずくで強奪されることになります。

◆**本命殺**　健康を害する方位

本命を殺すという字の通り、自分の命を殺す方位です。この方位を犯すと、病気やケガなど健康上の厄災が起こります。この場合、肉体面での影響が出やすくなります。

◆**本命的殺**　判断ミスで物事が台無しになる方位

本命殺と同様に、病気やケガなどの病難を招きやすくなります。この場合、精神面での影響が出やすくなります。それに加え、判断ミスや軽率な行動などにより、仕事や人間関係を台無しにしてしまうこともあるので、注意しなければいけない方位です。

◆**歳破**　年の「破れ」が出る方位

毎年、十二支が巡ってきますが、十二支がいる方位に強いエネルギーが働くため、その反対側となる方位はエネルギーが弱くなります。この方位が歳破です。

歳破を犯すと、すべてにおいてツキがなくなり、仕事、人間関係、家庭、健康など生活全般にわたって、争いごとや離別など「破れ」の現象が出ます。月破より強い凶方位で、この凶作用は60年続くといわれています。

◆**月破**　月の「破れ」が出る方位

月にも十二支の巡りがあり、その月の十二支とは反対側の方位に「破れ」が出ます。この方位が月破です。歳破と同様に、仕事や人間関係、家庭、健康など生活全般において、「破れ」の現象が出ます。歳破より力は弱く、この凶作用の継続期間は60カ月(約5年間)といわれています。

◆**南北定位対中**　物事がご破算になり秘密がばれる方位

南に一白水星、北に九紫火星が回座しているときは、注意が必要です。南に一白水星が回座しているときに南方位を取ると、今までうまくいっていた計画や事業がとん挫します。南という方位には、本来、積極的に表に出るという作用がありますが、そこに一白水星の「隠す」という作用が働くからです。

たとえるなら、本来水の中にいるはずの河童が、太陽が照りつける南に回ってしまい、頭のお皿を太陽の熱でジリジリ焼かれるような苦痛を味わうことになるわけです。

反対に、北に九紫火星が回座しているときに北方位を取ると、不倫やスキャンダルが発覚します。芸能人がよくマスコミを賑わせている、あのような状態です。北には「隠す」という作用があるのですが、そこに九紫火星の「露見」という作用が働くためです。

◆小児殺　子どもに災いをもたらす方位

小児殺は年によって変わり、毎月変わります。吉方でもその方位に行くと、子どもがケガをしたり、事故を起こしたり、場合によっては命にかかわることもあります。けれど、その名の通り子どもにだけ影響する方位で、大人には影響しません。妊娠中の女性が引っ越した後、流産の恐れや病弱な子どもが生まれるケースもあります。

では、何歳までを子どもというのでしょうか。これは私自身の子どもで経験しましたが、14〜15歳までは小児殺の影響が出やすいので、注意してください。

引っ越しのときに覚えておきたい「家相」の話

ここまでは方位の話をしてきましたが、家の間取りから吉凶をみる「家相」も大切な要因の1つです。家も宇宙に存在する万物の1つですから、方位の影響を受けています。私が鑑定する場合は、この「家相」も含めたアドバイスをさせていただいています。

家は大切な家族との団欒の場所であり、1日の疲れを癒し、明日への活力を養う場所でもあります。こういう場所は、つねによい気が流れるようにしておきたいもの。そのため、新しく家を建てる場合などは、「家相」を気にする方が多いのです。けれども、なかには「家相なんて迷信でしょう」と、まったく気にしない方もいるようですね。

もし、たんなる迷信だと思われている方がいらしたら、古い建物がいかに家相を取り入れて、理に適った造りになっているかを調べてみてください。数百年の時間を経て現存する建築物の中に、家相が悪いものというのはまずありません。なぜなら、方位にも確たる理由があるように、家相にもしっかりとした理由があるからです。

たとえば、西に台所を作るのは、凶相とされています。なぜだと思いますか？　台所が西にあると、強い西日に当たって食べ物が腐りやすくなり、不衛生な状況になります。すると、病人も出やすくなる。そのために、凶相ということになるのです。

逆に、東の台所は吉相とされています。東は朝日が射しこみますが、すぐに東南に太陽が移動するため、室温はさほど上がりません。そのため、食べ物が腐りにくく、衛生的というわけです。

これはほんの一例ですが、家相がたんなる迷信ではないことはおわかりいただけるのではないでしょうか。

私が鑑定する場合は、家相までみていますが、家族全員にとってよい家相にしようとすると、使い勝手が悪い家になってしまいます。その場合、１００％完璧な家は造れないという前提のもと、次善策を取っています。家族の中で誰を優先するかを考え、その人に合った家相の家を目指すのです。通常は、①経済的な柱である夫、②家事や育児を担う妻、③子ども（長男・長女・弟妹）の順で、誰を重んじるかを決めていきます。

家というのは、人生の中でも最大の買い物といえます。そこに住まう人たち全員の人生が安泰となるよう、古代から伝わる先人の知恵を利用しない手はないといえるでしょう。

鬼門が嫌われる本当の理由

家相と聞くと、「鬼門」という言葉を思いうかべる方が多いかもしれませんね。鬼門には表鬼門と裏鬼門があり、前者は邪悪な鬼が出入りするとして、万事において忌み嫌われた東北の方位のこと。後者はその反対側に位置する西南の方位を指します。

でも、なぜ東北の方位がそんなにも嫌がられたのでしょうか。歴史を紐解くと、かつて中国の東北（現在のモンゴルがあるあたり）には匈奴《きょうど》という騎馬民族が栄えていました。匈奴はたびたび中国に襲来し、残虐な行為を繰り返してきました。中国の人々は彼らのことを非常に恐れ、匈奴がやってくる方位（東北）を表鬼門と呼ぶようになりました。

東北は八白土星の方位で、変化という象意を持ちます。そのため、日本では安泰を覆す悪い方位として定着してしまいました。

また、東北の反対側に位置するのが西南です。中国では、西南というのは台風や竜巻などが発生する方位として知られていました。農作物をだめにしてしまう自然災害を人々は匈奴と同様に恐れていました。そのため、こうした災害を封じるため、西南が裏鬼門となったのです。

鬼門という考え方は中国の歴史から生まれたものですが、実は科学的な根拠もあります。表鬼門の東北は、家の中では日が当たらないため、湿気が多く腐敗を生じやすい方角になります。また、西南は西日によって夕方から気温が上昇しやすく、沈みゆく夕日のため紫外線による殺菌力も弱いので、物が腐敗しやすくなります。

こうした考え方から、表鬼門は住居内の腐敗した気がたまって外に噴出される方位、裏鬼門は腐敗した気が外から入ってくる方位ともいわれています。これら2つの鬼門の近くに水回りを造ってはいけないという教えは迷信などではなく、腐敗の作用を高めて家族の健康を害さないようにするという古の知恵から生まれたものなのです。

方位と同様に、家相の大切さも覚えておいていただけると嬉しいです。

第６章
幸せをあきらめない！
柴山流幸せの処方箋

鑑定家と医者の仕事は似ている

私のところにはお医者様も鑑定に来られるのですが、つくづく医者と鑑定家は似ているなと思うことがあります。

というのも、私は事務所に二度目にいらした方には必ず「(引っ越しや吉方取りをされて）その後、いかがですか？」と尋ねています。

お医者様の場合でも、患者さんに対して診察したり、処方箋を出したりした後、その方が次に来院したときには「その後、いかがですか？」と様子を聞くと思います。それと同じような対応をしているのです。

私にとっての診察とは、その方がこれまでにどのような方位に動いてこられたか、それによってどのような影響を受けているかをみること。そこから、どの方位に動けばその方が幸せになれるかを導き出し、「この日にこの方角に吉方取りの旅行をしてください」「こちらの方角にこの日に引っ越しをしましょう」など、幸せになるための処方箋をお渡ししています。

方位学の幸福のヒントが詰まった「魔法陣」

お医者様は診察する際、聴診器やレントゲン、MRIなどいろいろな道具を使います。一方、方位の鑑定の場合は、「**魔法陣**」と呼ばれる方位盤を使います。これは方位をみる際に基本となる盤のこと。

この魔法陣はどのような経緯で生まれたのでしょうか。それは、有史以前の中国にあったとされる夏王朝まで時代をさかのぼります。当時は川がしばしば氾濫して洪水となり、多くの民が困っていました。このとき、この状況を憂いて「なんとかしなければ！」と立ち上がったのが、国王の禹《う》でした。

さまざまな困難を乗り越え、禹が川の治水に成功すると、その功績をたたえて、天は黄河の支流にある洛水《らくすい》という場所に神亀を遣わしたのです。

長寿と幸運を象徴する神亀の甲羅には、不思議な文様が描かれていました。その模様を写し取ったものが「洛書」といわれる古い記録で、のちに作られた魔法陣（後天定位盤）のもとになったといわれています。

6－1　洛書と魔法陣（後天定位盤）

洛書

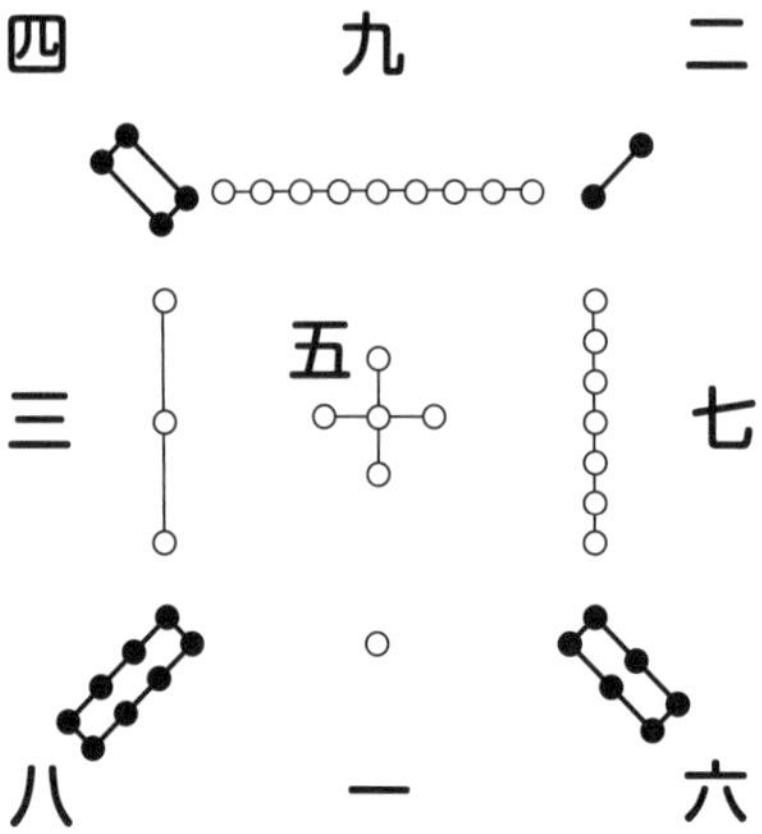

魔法陣（後天定位盤）

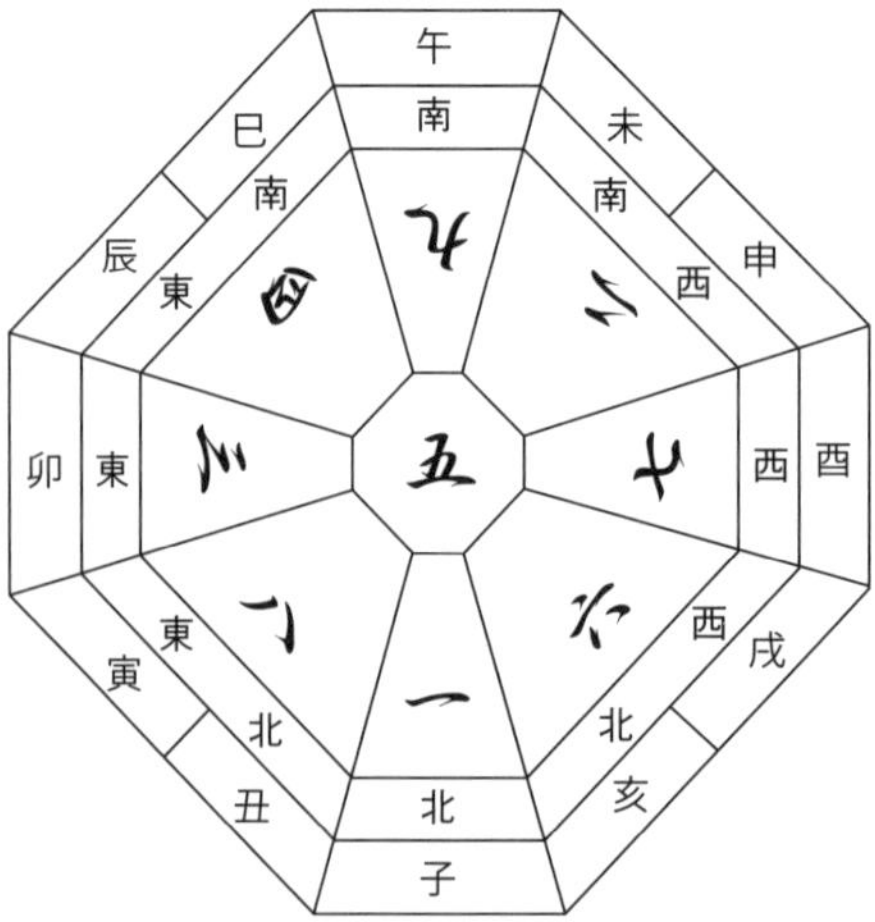

これが魔法陣といわれる所以の1つは、縦・横・斜めの数字を足すと、すべて15という同じ数字になること。15というのは「**完成**」「**完全**」を表す数字でもあります。

また、この魔法陣にある数字は、方位を示す際に用いる9つの星に対応しています。この魔法陣をみると、北が下(一白水星)、南が上(九紫火星)となっていることがわかります。通常、地図を見る場合、北が上になるのが基本ですが、方位盤として用いる場合は、南が上になります。

これにもきちんとした理由があります。地平線の下に隠れていた太陽が東(三碧木星)から昇り、正午には南(九紫火星)の真上にやってきます。そして徐々に西(七赤金星)へと動き、地平線の彼方へと沈んでいく。この動きをそのまま反映させているので、この魔法陣を含むすべての方位盤は、上が南となっているのです。

さらに、魔法陣をよく見ると、北から時計回りに、子・丑・寅・卯・辰・巳・午・未・申・酉・戌・亥の順に十二支が配置されていますね。

この**十二支の起源は、約12年かけて天を一周する木星が、毎年どの方角にいるかを示すためのもの**でした。子はネズミ、丑はウシなどの動物として認識されていることが多いのですが、本来の子・丑・寅……は実際の動物ではなく、天球を12に分割し、それぞれの区画に割り当てた数詞でした。つまり、1、2、3……と数える代わりに、子、丑、寅……と数えていたのです。それぞれの区画を方位学では「天宮」と呼び、「子」の天宮に木星がある年は「子年」となるわけです。

さらに、この魔法陣を見ていると、方位は「陰陽」の影響を受けていることがわかります。北（一白水星）から東（三碧木星）を通って南（九紫火星）までの半分が「**陽**」、南から西（七赤金星）を通って北へ向かう半分が「**陰**」となります。季節でいうならば、冬から春を通って夏までが「陽」、夏から秋を通って冬までが「陰」ということ。

1日でみるならば、先述したように太陽の動きと一致しているため、午前中が「陽」、午後が「陰」となります。

鑑定家が方位をみるということは、魔法陣を活用して、その方が幸福になるためのヒントを得ながら、吉方位を導き出すということ。鑑定家としての私の真骨頂は、お一人おひとりが幸せになるような引っ越しや吉方取りの方位を鑑定すること。

けれど、それを本書だけで行うのは難しいのが歯がゆいところです。ただ、本書を手に取ってくださった皆様には、本気で幸せになってほしい。そこで本章では、私がこれまで鑑定家としての経験から得てきた、幸せになるための秘訣をお伝えしていきたいと思います。

「方位」は成功の必要条件

方位というと、少し前までは「怪しい」「所詮、占いだろう」という見方をされることが多々ありました。けれど、だんだんと方位学の鑑定によって、確実に幸せをつかめる人が増えてきています。よい方位に動くということは、これからの成功条件の1つになるのではないでしょうか。

なぜここまで方位の力を信用しているかというと、「地の利」以上の働きがあることを何度も体験しているからです。多くの方が、自宅や仕事場を移動させる場合、「地の利」を重要視します。つまり、自分に馴染みのある土地、常連さんが多い土地、自分にとって土地勘が働く場所などを選ぶということです。

もちろん、この方法が間違っているということではありません。ただ、こうした「地の利」がなくても、方位さえ吉方で移動していれば、必ずお客さまがつき、お店は繁盛しま

第6章

す。このように言いきれるのは、鑑定の結果、地の利がない場所で成功している方々をたくさんみてきているからです。

本書で紹介しているカフェオーナーだったKさん（序章）、コロナ禍で開業された内科医のE先生（第5章）は、まったく地の利のない場所でお店や医院を始められましたが、連日大盛況で現在もたくさんのお客様や患者様が訪れているといいます。

吉方に動けば、必ず幸せな出来事に遭遇することができます。遭遇するかもしれませんではなく、遭遇します。私たち人間には想像もつかない方法で、驚くような幸せが舞い込むのも、方位学の魅力の1つです。

「暗剣殺」への挑戦

方位学には、「**吉凶、動より生ず**」という言葉があります。先ほどは方位によって成功する事例をお伝えしましたが、残念ながら凶方位をとって、凶作用が出てしまうこともあります。第5章でもお伝えしていますが、誰にとっても凶作用が起こる凶方位というものがいくつかあります。

その中でも、とくに凶作用の強い暗剣殺を克服する方法はないかと思い、何度も私自身が暗剣殺に出向き、対処方法を探ってまいりました。

最初は2003（平成15）年、西北方面での暗剣殺を取るため、仕事でロシアに出向きました。ところが7カ月後、思わぬところから訴えられてしまうことに。その結果、1000万円近いお金を失うことになりました。国内で1泊や2泊の吉方取りの旅行に出かけるのとは違い、7000km以上離れた場所に出向いたわけですから、凶作用の出方が違うということも大きな学びとなりました。

2006（平成18）年に体験した暗剣殺の凶作用も、驚くべきものでした。仕事の関係先の人から「先生、ちょっと助けてほしいのだけど」と頼まれ、軽い気持ちで手助けしたことが仇となり、ここでも巨額の損失を出してしまったのです。

2012（平成24）年には、当時住んでいた元麻布のマンションのエレベーター工事が始まり、なんとそれが暗剣殺の方位だったのです。嫌な予感がしたものの、どうすることもできず我慢していたら、ある日、死の一歩手前までいく経験をしました。

原因不明のアナフィラキシーショックを起こしてしまったのです。

自宅でテレビを観ていたら、体がかゆくなり、湿疹が出始めました。すぐ近くの総合病院に駆け込んだのですが、待合室で異常事態が起きました。冷汗が出てきたと思ったら、顔から体の中のものがすべてこぼれ落ちるような異様な感覚に襲われ、意識を失ってしまったのです。

看護師さんが私に向かって「しっかりして！」と叫ぶ声、治療室で先生が「アドレナリン、早く！」と指示する声がぼんやりと聞こえるなか、真っ先に頭に浮かんだのは、２人の娘たちの顔でした。このままでは死ねない、絶対に生きなくては……と。運よく一命を取り留め、ありとあらゆる検査をしたのですが、原因はわからないままでした。

２０１３（平成25）年になると、今度はマンション周辺で大工事が始まりました。大きく地面を掘り返し、電線を地中に埋めたり、道路を大きく割って水道工事が始まったり、ガス管を取り替える地中工事が進んだりしていったのです。

その間、私は3回も救急車で運ばれる事態となり、アナフィラキシーショックを防ぐ治療薬を手放せなくなっていました。

そのとき、知人から「どこか凶方位から、土とか何か持ってきてない？」と言われて、ハッとしました。工事によって家の周りの土がすべて入れ替わってしまっていたことに気づいたのです。吉方位に引っ越したとしても、こうした大工事があることで、運気がガラりと変わってしまうこともここで知りました。

決定打となったのは、２０１５（平成27）年12月、お世話になっている**神職**の方から「**先生、今度倒れたら（命を）持っていかれます。ここを離れてください**」と言われたことでした。元麻布のマンションは本当に気に入っていたのですが、さすがの私も泣く泣く引っ越すことにしました。２０１６（平成28）年3月に西麻布へ引っ越しましたが、その20日後の3月末には、異常とも思えた元麻布の大工事は終わったのでした。

それでも懲りずに、２０２０（令和２）年に暗剣殺に出向いてみたのです。さすがにもう、凶作用は出ないだろうと思っていましたが、ものの見事に体調を崩し、後遺症が残ってしまいました。そうなってはじめて、暗剣殺には勝てないと、身をもって知ったわけです。家族には心配をかけたりして申し訳なく思っていますが、結果としては、すべてよい実験になったと思っています。

ここまでしなくても、方位学を学んだことのある人なら、暗剣殺はもっとも避けるべき方位であることはおわかりでしょう。しかし、不幸のどん底にあって相談に来られるクライアントさんの中には、暗剣殺の方位を犯したことによる凶作用で現実にたくさんの災厄

第6章

が降りかかってきていると思われる方が少なからずいます。

そういう方々に「大丈夫。対応策はあります」と救いの手を差し伸べたいという一心で、暗剣殺を克服する方法を探し、暗剣殺の方位に「**挑戦**」を何度も続けてきました。けれど、残念ながら完全に克服する方法を見つけられませんでした。


私は方位学のプロとして、方位を犯したがゆえに不幸のきっかけを作ってしまった人を助ける使命があると思っています。ですからあえて、凶方位に動いてきたのです。もちろん、「**最悪の事態**」を避けるための予防線を張ったうえで動いていますが、自分の命をかけてこうしたことを実験してきたのには理由があります。

私は鑑定家として、机上の空論ではなく実体験に基づいたアドバイスをし、確実に皆様に幸せになってほしいのです。

「この方位を犯したらどうなるのだろう?」という疑問を自分なりに検証することで、初めてわかることもたくさんありました。こうした貴重な体験を踏まえて、相談に来られるクライアントさんの悩みをより深く理解し、的確な指導ができるようになっているという自負もあります。命をかけた体験は、鑑定家としての宝でもあるのです。

億単位の借金も解消！　だから幸せをあきらめないで

方位の力は、多くの会社経営者も活用しています。

以前、こういう方がいらっしゃいました。メディア関連の会社の経営者で、仮にHさんとしましょう。私のところに相談にいらしたときは、すでに借金が膨らみ、非常に苦しい立場におられました。

今でも目に浮かびますが、事務所の椅子に座り、仕事用のカバンを胸の前に抱えて、うつむき加減でこうおっしゃられたのです。

「**先生、俺、もうどうしていいかわからない。億単位の借金を返したくても、もう何をしてもお金が回らないんです。どうしたらいいですかね**」

Hさんは会社を閉めることだけは避けたいと、ものすごくこだわっておられましたが、私は方位学で使われるある方法をお伝えしました。

このときはちょうど凍えるような真冬の時期だったのですが、4日間、ある場所に行ってもらいました。出先から戻ると、Hさんは開口一番、こう言ったのです。

「先生、なんだかもっと辛くなったような気がするんです」

「とにかく、もう少し答えを出すのを待ってください。そのうち必ず落ち着きますから。ただね、私は一度会社を閉めることをおすすめしますよ」

「いや、それだけはしたくないのです」


その1カ月後、Hさんがやってきたときも、同じような問答が繰り返されました。ところが、その次にやってきたとき、Hさんがこう言ったのです。

「今までは会社を続けることにこだわっていたけれど、もうこだわるのをやめようと思う。ここで一度、清算しようと思います」

ここから流れが大きく変わる！　そう確信した私は、自信を持ってHさんにこう伝えました。

「必ず救ってくれる人が出てきますよ。そういう方位に行ってもらっているのだから」


会社を閉めるとなると、債権者一人ひとりを尋ねて謝罪しなくてはいけません。行く先々で怒鳴られたり、嫌味を言われたり、テーブルを叩かれたりするなか、Hさんは「大変申し訳ありません」と頭を下げてまわりました。

ようやく最後の債権者の会社にたどり着きました。そこには数千万円の債権があったので、何を言われるかと、戦々恐々としながら平身低頭で「申し訳ございません」と謝りました。すると相手の方にこう言われたそうです。

「おまえ、本当に会社を閉めるのか？」

「はい、閉めます。お金はなんとか返しますから」

「お前、ほんとに閉めるんだな」

「はい」

「ちょっと待ってろ」


そう言って奥に入ったその人がしばらくして戻ってくると、なんと1000万円の現金を手渡してくれたというのです。

「これでやり直せ。会社を閉めるなら、俺はこれでお前に投資する。そうでなく、お金を貸すということになったら、ほかの債権者にこの金を持って行かれてしまうだろう。でも、本当に会社を閉めるということなら、この金は生きる。これでやり直せ‼」と。

必ず救ってくれる人が現れる。

そういう方位に行ってもらっていたからこその展開でした。方位学の策を使えば、こうしたことも不可能ではないのです。

私自身がさまざまな「**挑戦**」を重ねた経験と、そこから導き出した対策を自分自身で試し、凶方位がもたらした不運をはねのける方法をいくつか持っています。しかし、残念ながら、ここでこの方法をお教えすることはできません。

なぜなら、決して簡単な方法ではないことと、直接のアドバイスなしで行っても**効果が出ないからです**。

ではなぜ、お伝えできないのに申し上げたかというと、**物事にはどこかに不幸を切り離す方法が必ずあるのだということをお伝えしたかったから**なのです。

方災を犯した引っ越しで肩たたきに遭うも、見事復活！

本書の原稿執筆が終盤に差し掛かっていたある日、クライアントのTさんから連絡がありました。電話の向こうから聞こえてきた出来事は、方位の力を改めて思い知るような内容だったので、皆様にもお伝えしたいと思います。

「先生、東京本社に転勤です！　マンションのリノベーションを行う部署への異動です！」

明るく弾むような声でこう伝えてきたTさん。

ですが、２０２１年10月、最初に事務所にやってきたときは、疲れ切った表情をされていました。Tさんはもともと大手ハウスメーカーにお勤めで、一級建築士、宅地建物取引士、一級造園施工管理技士、インテリアプランナー、インテリアコーディネーターなど、そうそうたる資格をお持ちでした。

ところが、最初は生気のない表情で「もう、自分ではどうしていいのかわからないので、相談に来ました」とおっしゃっていたのです。

話を聞いてみると、２０１１年10月に大阪から転勤で群馬県に引っ越して以来、どんどん運が悪くなっているように感じるということでした。

思うような仕事ができず、ついに設計部から営業部に異動。ところが、設計という「ものづくり」を得意としていたため、戸建て販売の営業は苦痛でたまらず、成績を上げることができませんでした。

そのうえ、不可解な失敗や行き違いが重なり、2017年、自分が置かれている状況は自分の力を越えたところに原因があるのではないかと実感。それでも、家族がいること、持ち家を購入してしまったことなどがあり、転職するわけにもいかず、苦しい状況に立たされた状態で何年も過ごしてきたとのことでした。


まずはそうなってしまった原因を探ろうと、大阪から群馬県に引っ越した際の方位をみました。すると、東北の方災を犯していたため、ジワジワと運気をそぎ落とされるような状況にいることがわかりました。とくに財運に凶作用が出る方位だったのです。

ただ、五黄殺や暗剣殺ではなかったことが不幸中の幸いでした。これらの方位を犯すと、いきなり大きな岩が降ってくるようなアクシデントに遭うのですが、それ以外の方災の場合は、木が虫に食われて朽ちていくように、じわじわと運気を落としていくのです。

虫食いの木を回復させるには、まずは虫を駆除し、食い荒らされた場所に樹木の薬を塗り、周囲の土を入れ替えて元気にしていくしかありません。

経済的にもギリギリの状況でしたが、Tさんは覚悟を決めて、2022年から定期的に吉方取りを行うことにしました。まずは、虫を駆除するために東北の方災をカバーする方位に行ってもらい、ある方法を試してもらいました。

それと同時に、いろいろな方位の運を伸ばすように指導を続けました。月に一度は吉方取りに行ってもらっていたでしょうか。あるとき、東南の方位を取った後、「営業で2件受注が取れました！」など、少しずつ状況が好転していったのです。

その後も指導を続け、吉方取りをしてもらううちに、「思いもよらない案件が決まりました」「600万円の受注が取れました！」といった喜びの声が増えていきました。

方位学の力とは、こういうことなのです。

そして2023年6月、とても強い吉方位を取れるチャンスがやってきたので、吉方取りに行った際、Tさんにあることをやってもらいました。

その結果、どうなったと思いますか？

6月10日に吉方取りに出かけて、11日の朝にあることをやってもらい、そこからぴったり13日後の6月22日に、ものすごいことが起こりました。そう、それが冒頭でお伝えした、東京本社への栄転だったのです。しかも、マンションのリノベーションを行う部署で、ご自身の力を思い切り発揮できる部署への異動でした。

晴れやかな声でご報告いただき、私も鑑定家冥利に尽きる思いでした。これからも方位の力を活用し、Tさんとそのご家族が発展されていくのを陰ながらサポートさせていただきたいと思っています。

こうした嬉しいニュースが飛び込む一方、コロナ禍、世界情勢、社会不安などで、自ら命を絶つ人が非常に多くなっています。幸せへの扉を自らの手で閉ざしてしまうことは、なんともったいないことでしょうか。

すべての人が自分の幸せを願っています。本書を手に取ってくださったあなたも、幸せになりたいと思ったからこそ、お読みくださったのだと思います。

だからこそ、八方塞がりの状況で次の一手が思いつかない窮地に陥ったときは、私を「最後の一手」に加えてください。

方位学を使えば、不幸を脱する方法はきっとあるはずです。

方位学による幸運は誰でも受け取れる！

私は鑑定家として駆け出しの頃、自分が鑑定したお客様が吉方位を取ったあとどのようになったかを伺い、「効果報告ノート」をつけていました。皆様から寄せられた喜びの声の数々が嬉しくて、私自身が1つずつ書き留めてきたのです。

今見返してみても、鑑定した私自身、本当にワクワクして嬉しくなります。方位学による幸運は、誰でも受け取れるということが伝わってくるからです。

本邦初公開！　そのいくつかを皆様にもご紹介したいと思います。

効果報告ノート

◆5月26日　Mさん

手術しないとバイオリンが弾けなくなると駆け込みで鑑定にいらした。鑑定後、赤坂にあるクリニックの先生をセカンドオピニオンとしてご紹介。応急処置として吉方を取った結果、腕の手術をせずに済みました！

◆6月26日　Mさん

その後の症状もよいようで、ニコニコ笑顔で鑑定に来られた。

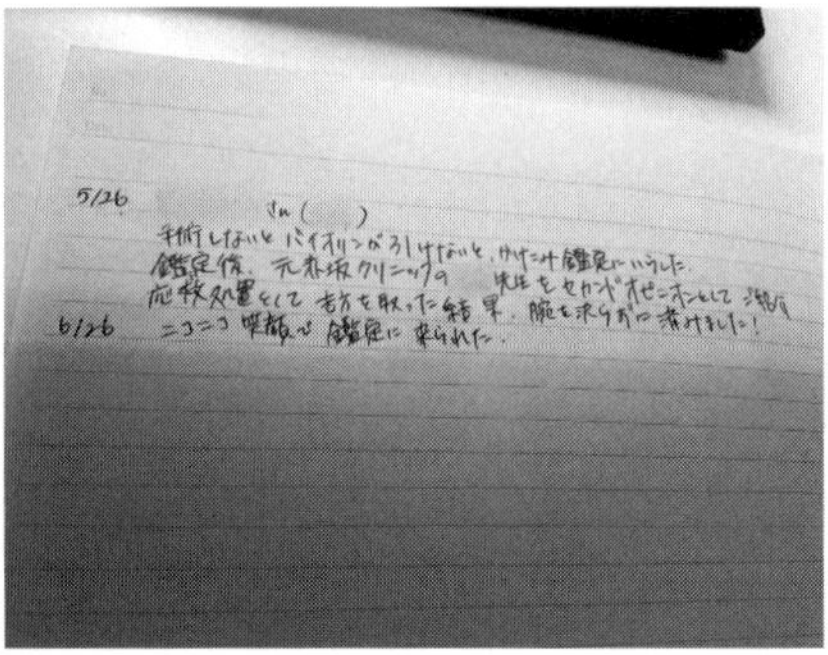

Mさんノート

◆6月11日　Sさん

「もうこんな幸福な気持ちはない」とのこと。すっかり背中にはりついていた「子泣き爺」が取れて、頭の霧が取れた気持ちに。

◆6月12日　Eさん

職場の意地悪な人が異動になった。

◆6月18日　Aさん

6月15日に初めての鑑定。その日のうちに東北方面へ吉方取り（祐気取り）に出発。翌日、神社にお水取りと参拝。帰りの電車内で、メールにて900万円の仕事を受注！

◆6月18日　Yさん

2020年5月に会社を設立。1000万円の投資があり、5・6月は売上が1000万円に。そのお礼参りで7月4日に出発し、神社参拝へ。

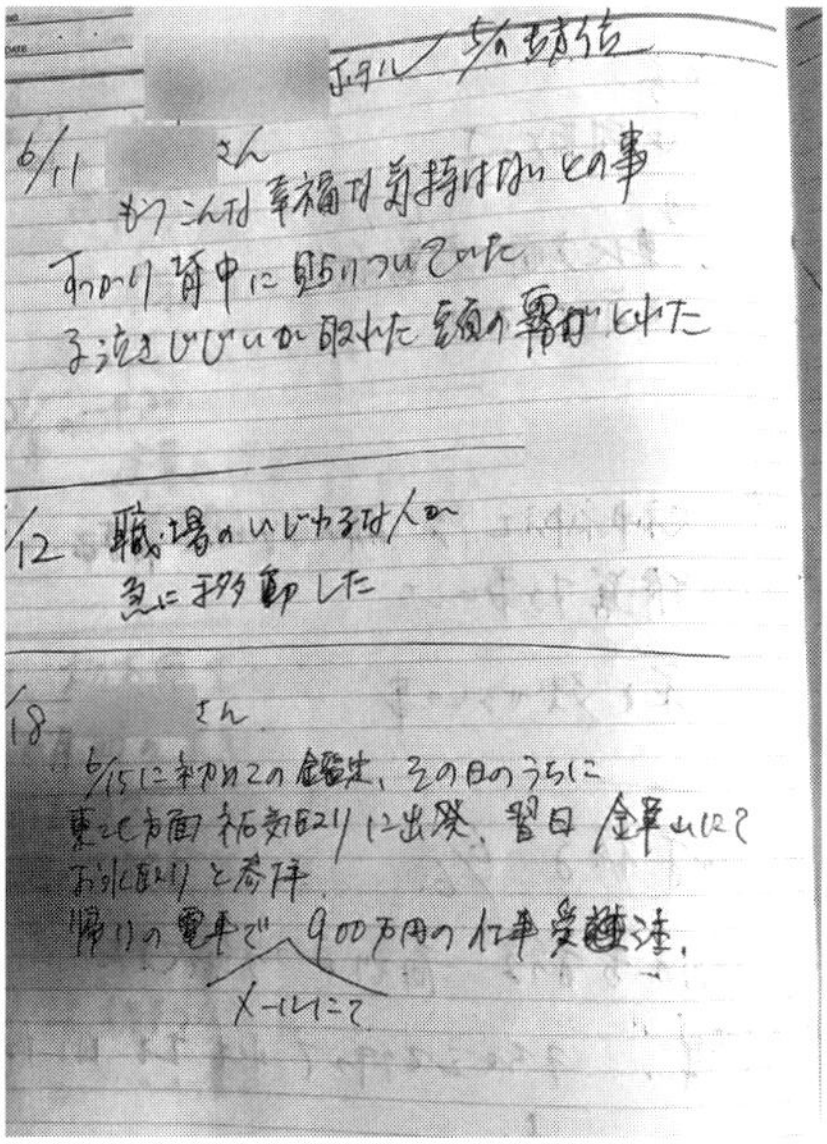
6/11 さん
もうこんな幸福な気持ちはないとの事
すっかり背中に貼りついていた
子泣きじじいが取れた　頭の霧がとれた
6/12 職場のいじわるな人が
急に移動した
6/18 さん
6/15に初めての鑑定、その日のうちに
東北方面 祐気取りに出発、翌日
お水取りと参拝
帰りの電車で 900万円の仕事受注
メールにて

Sさん・Eさん・Aさんノート

◆6月19日　Wさん

裁判で解決の目途がついた。急遽、動き出した。

◆6月27日　Sさん

ベトナムから2万ドル、投資のお金が戻ってきた。

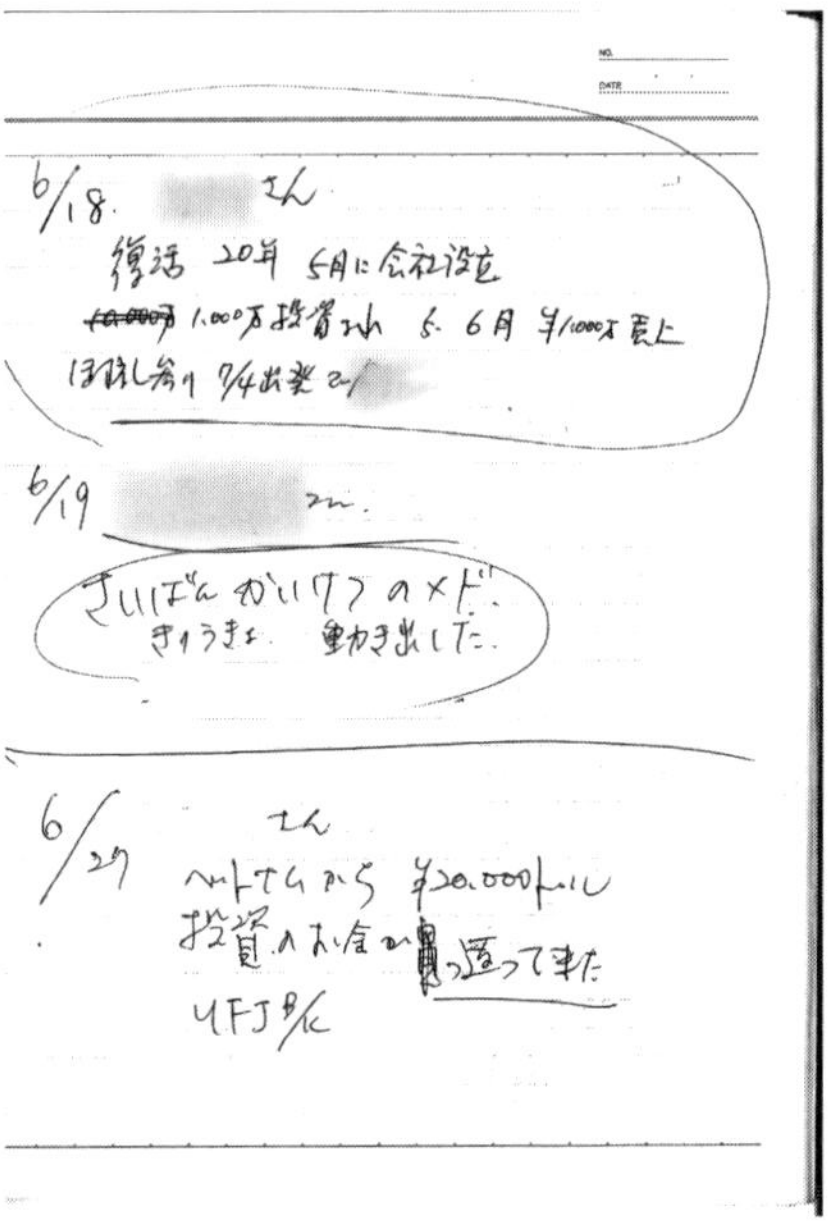

Yさん・Wさん・Sさんノート

◆7月5日　Oさん
5月に3700万円の融資を受けた後、みずほ銀行、横浜銀行からも受けられることとなり、総額8500万円の融資額に！

◆7月6日　Dさん
5月にご主人が西に吉方取りに出かけた後、忘れていた場所から、昔買っておいたプラチナが出てきた。それを売ったところ、300万円に。

◆2017年9月　Kさん
こんにちは。本日、鑑定書が届きました。ありがとうございます。
当たってますよ。

新工場の排水が壊れていて、旧工場に戻ったりで参りました。
銀行からさらに融資を受けないと、新設できないし……
ピンチです。札幌は、東北ですか？

この人は私の反対を押し切って約10億円の工場を買った結果、このようなことに

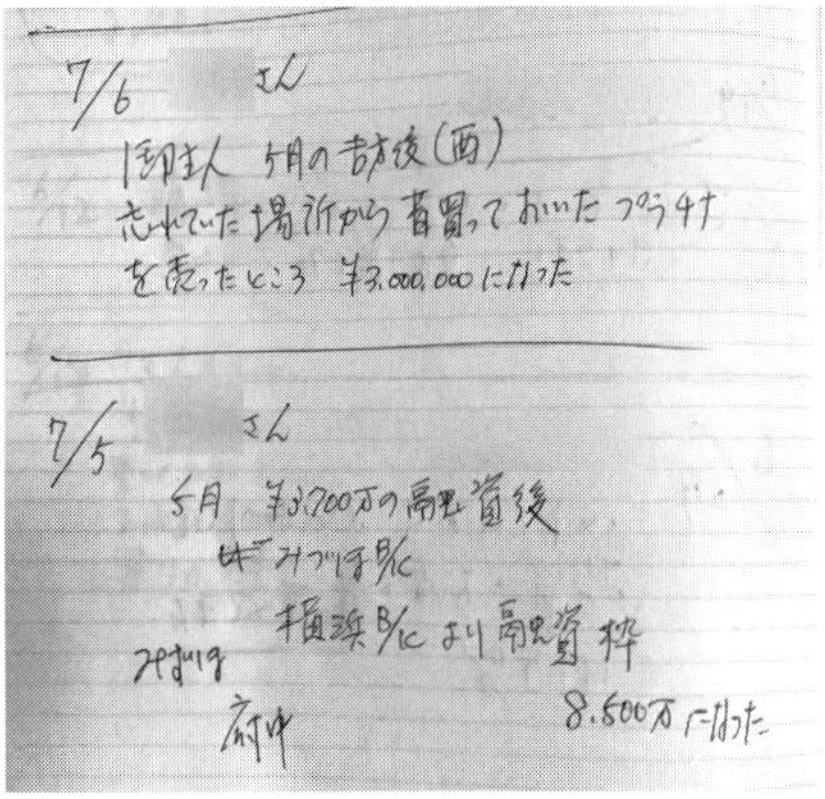
7/6 さん
御主人 5月の訪後(西)
忘れていた場所から買っておいたプラチナ
を売ったところ ¥3,000,000になった

7/5 さん
5月 ¥3,700万の融資後
現みずほB/C
横浜B/Cより融資枠
みずほ
府中 8,500万になった

Oさん・Dさんノート

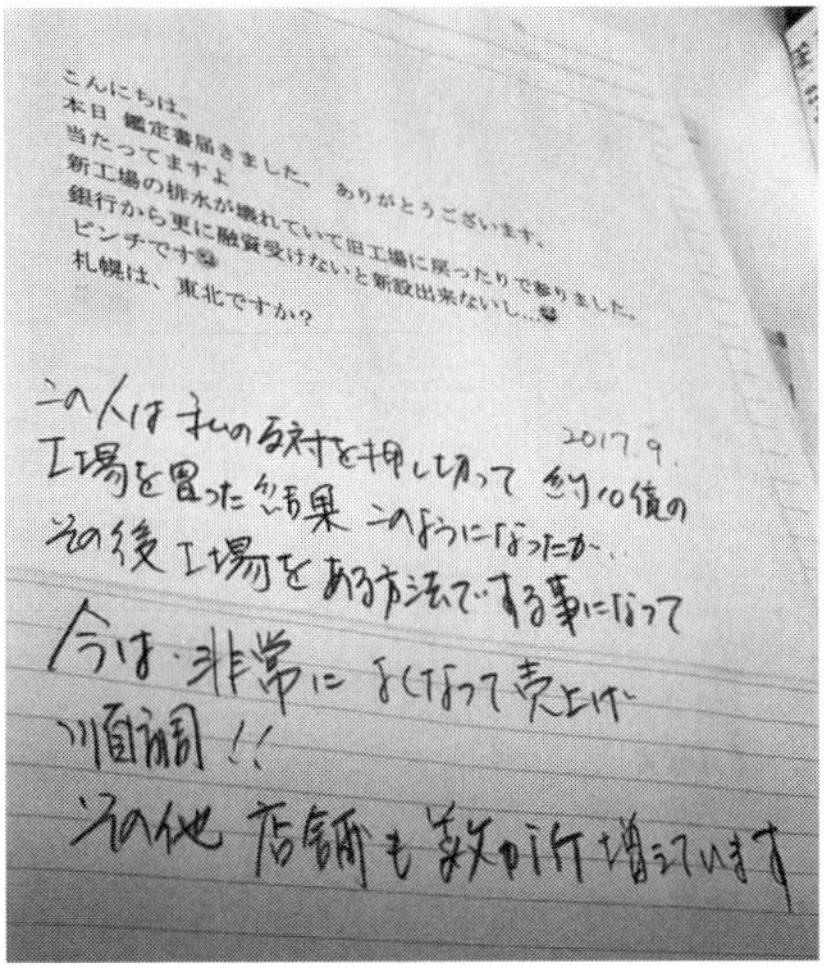
こんにちは。
本日 鑑定書届きました。ありがとうございます。
当たってますよ
新工場の排水が壊れていて旧工場に戻ったりで参りました。
銀行から更に融資受けないと新設出来ないし…
ピンチです
札幌は、東北ですか？

この人は私の反対を押し切って 2017.9.
工場を買った結果 約10億の
その後 工場をある方法でする事になって
今は 非常によくなって売上げ
順調！！
その他 店舗も数か所増えています

Kさんノート

なってしまいましたが、その後、工場を救うことができました。

約1年後から徐々によくなり、4年後には3店舗増えることに。もちろん、すべて黒字経営で頑張っておられます。

◆2019年6月15日　Nさん
いつも大変お世話になっております。またまた嬉しいことがありました。

某県某市の親善大使を務めている演歌歌手の方にご協力いただき、某市の応援ソングを作ったのですが、市長さんに気に入っていただけて、このたび、市長さんや県議会議員さんもいらっしゃる1000人規模のイベントでお披露目することとなりました。

本当にありがたいことです。嬉しいです。

いろいろな場所に出かけて、いろいろなご縁が生まれて、お陰様でいろいろなお誘いも増えてまいりました。

その中で7月29日にある神職の方が主催される、富士山近くの神社ツアーにご一緒しませんか?というお誘いをいただきました。日帰りです。

楽しそうな内容に大変興味を持ちましたが、方角的に大丈夫かな…?と気になります。

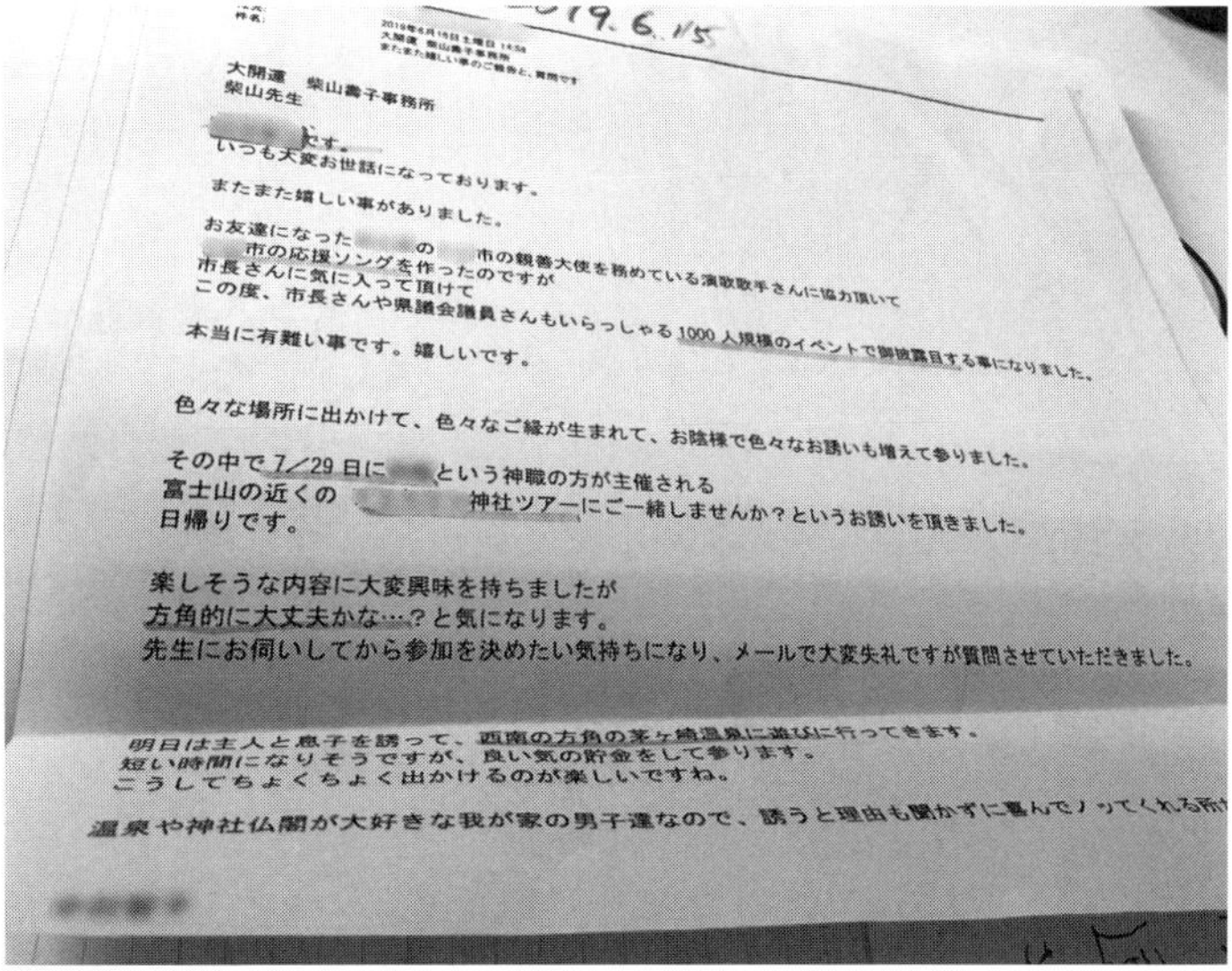
2019.6.15

大開運　柴山壽子事務所
柴山先生

です。
いつも大変お世話になっております。

またまた嬉しい事がありました。

お友達になった　の　市の親善大使を務めている演歌歌手さんに協力頂いて
市の応援ソングを作ったのですが
市長さんに気に入って頂けて
この度、市長さんや県議会議員さんもいらっしゃる1000人規模のイベントで御披露目する事になりました。

本当に有難い事です。嬉しいです。

色々な場所に出かけて、色々なご縁が生まれて、お陰様で色々なお誘いも増えて参りました。

その中で7／29日に　という神職の方が主催される
富士山の近くの　神社ツアーにご一緒しませんか？というお誘いを頂きました。
日帰りです。

楽しそうな内容に大変興味を持ちましたが
方角的に大丈夫かな…？と気になります。
先生にお伺いしてから参加を決めたい気持ちになり、メールで大変失礼ですが質問させていただきました。

明日は主人と息子を誘って、西南の方角の茅ヶ崎温泉に遊びに行ってきます。
短い時間になりそうですが、良い気の貯金をして参ります。
こうしてちょくちょく出かけるのが楽しいですね。

温泉や神社仏閣が大好きな我が家の男子達なので、誘うと理由も聞かずに喜んでノってくれる所

Nさんノート

先生にお伺いしてから参加を決めたい気持ちになり、大変失礼ですがメールで質問させていただきました。

明日は主人と息子を誘って、西南の方角の茅ヶ崎温泉に遊びに行ってきます。短い時間になりそうですが、よい気の貯金をしてまいります。こうしてちょくちょく出かけるのが楽しいですね。

◆２０１９年12月16日　Mさん

おはようございます。

前日、成田に行ってきました！　その効果か、市からの講師依頼が舞い込み、市長が開店を待って店の前まで来てくれたりしてびっくりです。

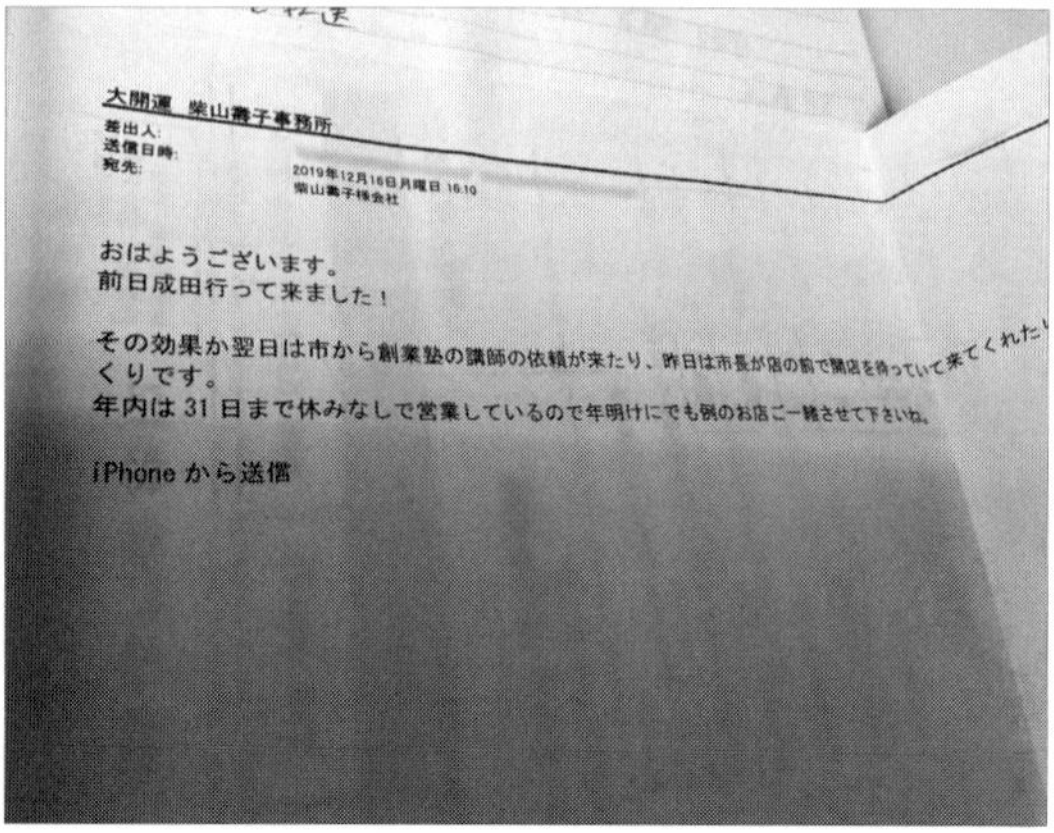
大開運　柴山壽子事務所
差出人:
送信日時:　2019年12月16日月曜日 16:10
宛先:　柴山壽子株式会社

おはようございます。
前日成田行って来ました！

その効果か翌日は市から創業塾の講師の依頼が来たり、昨日は市長が店の前で開店を待っていて来てくれたり
くりです。
年内は31日まで休みなしで営業しているので年明けにでも例のお店ご一緒させて下さいね。

iPhoneから送信

Ｍさんノート

年内は31日まで休みなしで営業しているので、年明けにでも例のお店でご一緒させてくださいね。

◆２０２０年2月21日　Nさん

息子が第一志望の公立高校に合格！2週間前の最後の模試までずーーーっと「合格可能性5％未満」だったのですが。

先生の「南に連れて行くとよい」というアドバイスのおかげです！

本当に驚きです。

多分不合格で私立に進学だろうと思い、こっそり財形貯蓄を切り崩しましたが、それがそのまま浮いちゃいました！！！

これは西に行った効果かと感激しています。

このような喜びの声の数々は、鑑定家として本当に嬉しいものであり、大きな励みとなるものです。

方位の力を借りれば、誰もがいつからでも幸せになれる。

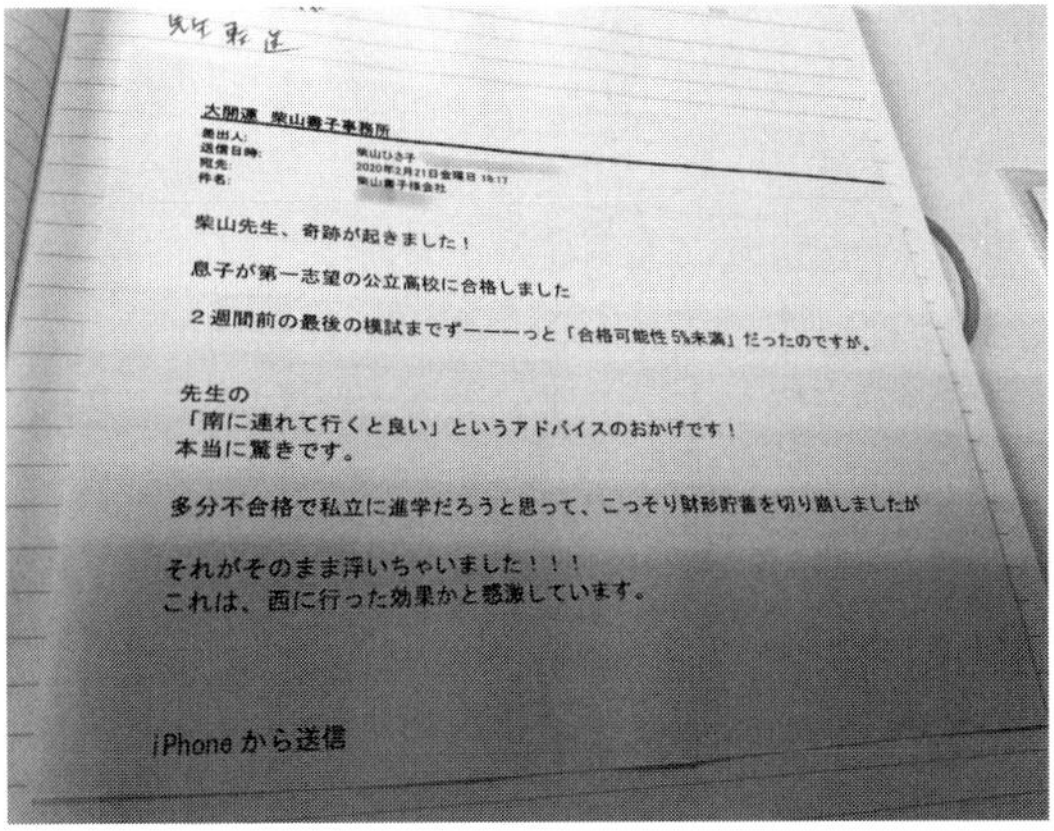

Ｎさんノート

こうした声をお見せすることで、方位の効果を読者の皆様にもお伝えできましたら嬉しいです。もし、今、不幸のどん底にいる方がいらしたら、ぜひ私がいることを思い出してください。その窮地から脱する方法を、一緒に考えていきましょう。

方位で鑑定しても、救えない人がいる

ただ、残念ながら、こうした方位の力をもってしても、救えない人がいます。

それは、私の話を聞かない人。方位を信じない人です。

いくら鑑定をして「この方位に行ってください」「その土地を買うのは今はやめてください」「この建物を買うのはおすすめしません」と言っても、言うことを聞かない人は聞かないのです。

以前、相続したアパートを売って、7億円というお金を手にした方がいらっしゃいました。仮にSさんとしましょう。それまでは横浜で建設業を営んでいたのですが、大金を手にしたことで、さまざまな会社に資本を提供したり、土地を売買したりして、投資のような形でお金を増やすことを始めたのです。

2020年のある日、Sさんから一本の電話が入りました。「今日、埼玉に行って、ある土地を見て、2億円で買おうと思っています」というのです。きちんと調べもしない土地に、2億円も出してその場で買うなんて……ありえません。

急いで方位を見たところ、やはり凶方位でした。すでに「良い話に聞こえるけれど、最後に苦労する」という象意が出ていたのです。さらに、不動産業の知り合いのつてをたどって、その土地の価値を調べてもらったところ「価値としては1億2000万円程度ではないでしょうか」ということでした。

念には念を入れて、埼玉県の知り合いにも連絡してみました。その方は大手通販会社の社長という立場から不動産にも詳しかったので、「埼玉県のこの土地のこと、ご存じですか？」と尋ねると、「知っているよ。幹線道路沿いの場所でしょう。あそこを買って、何に使うの？」とのこと。

ところが私の反対もむなしく、Tさんはその土地を2億円で購入してしまいました。けれど、資金繰りがうまくいかず、当初、その場所で予定していたマンションを建てることはできなかったといいます。そして、結局は駐車場にしたとのこと。毎月の収益もさほどなく、当初の目論見とは大きく違う結果になってしまったようです。

Tさん以外でも、以前、東京の中心地で何十億円もの遺産を相続した方がいらっしゃいました。この方も、私のアドバイスをまったく聞かず、土地や建物の投資に失敗し、手元に残ったのはたったの3億円。現在は、お店を経営しているという話を風の噂で聞きました。

素直に人の話を聞けなくなるという傾向は、遺産などで、ある日を境に巨額の財産を手にした方に多く見られます。やはり、お金というのは人を変えてしまう魔力を持っているのでしょうか……。

大事なお金と時間を使っているのに、なぜ、そんなことをしてしまうのか。私としては、

第6章

方位の力で皆様に幸せになっていただきたい。ただその一心で鑑定をさせていただいているのですが、話を素直に聞けない方は、どうやっても救うことができません。

これも人の業の奥深さということなのでしょうか？

幸せになるために今日からできること

ここまで読み進めてくださり、ありがとうございます。

方位学の力、ご理解いただけましたでしょうか？　方位学でもっとも効果を発揮するのは「引っ越し」、そして「吉方取り」の旅行です。ただ、引っ越す場合は経済的にも時間的にもタイミングが必要になりますから、今すぐ誰でも簡単にできるわけではありませんよね。

でも、がっかりなさらないでください。

今すぐ引っ越しはできないけれど幸せになりたい！という方は、まずは第2章、第3章をお読みになり、どのような性質や運をご自身が持っているかを把握しましょう。そのうえで、幸せ体質になるために、自分は今日から何ができるかを考え、実行に移してみてください。さらに、開運体質になるための「強運をつかむ浄化法」を、第4章でお伝えしています。こうしたことを続けるうちに、少しずつ運気はアップしていきます。

なぜなら、ここに記したことは、すべて先述の魔法陣をもとに導き出された事柄だからです。引っ越しのように、すぐに大きな変化が現われるわけではありませんが、コツコツ続けるうちに、「あれ？　最近、なんとなくラッキーが続いている気がする」など、嬉しい気づきがあるはずです。

方位学の効果が出る「1・4・7・10・13」サイクル

なお、幸せを呼び込むというのは、一度こうした行動をとったからといって、すぐにできるものではありません。これまで積み重ねてきた凶作用をまずはゼロにして、そこから幸運体質へと変化していくからです。

ですから、まずは4カ月、本書でご紹介したことを意識しながら生活してみてください。方位学の効果は、「1・4・7・10・13」のサイクルで出るからです。その結果、少しずつ考え方や物の見方に変化が現れます。つまり「1日目・4日目・7日目・10日目・13日

第6章

目」「1カ月目・4カ月目・7カ月目・10カ月目・13カ月目」「1年目・4年目・7年目・10年目・13年目」という具合です。

こうした小さな変化の積み重ねでも、コツコツ続けることによって、現実面でもプラスの方向に物事が進むようになります。

ぜひ、あなたご自身にも、方位から得た知恵による幸せを体感していただけたらと思っています。

そして、時間やお金のタイミングが揃ったときには、ぜひ吉方位へのお引っ越しをおすすめします。もちろん、信頼できる鑑定家に相談して、最高の開運を手にしてくださいね。それまでは、ぜひ、本書でお伝えしている、幸せになるさまざまな方法をご活用ください。

あなたが幸運体質になって、幸せな日々を過ごされることを願っています。

おわりに

2020年3月2日、新型コロナウイルスのまん延により全国の学校が一斉に休校となりました。続いて4月には故安倍元首相による緊急事態宣言が発出されました。

当時、港区青山五丁目に事務所を構えていた私は悩みました。

ファッション業界の中心地のような場所にあった事務所付近は連日、外国人や日本人で賑わっていました。ところが、そうした場所が一瞬にしてゴーストタウン化してしまったのです。自宅に戻る途中の道も静まり返って、誰かとすれ違うことすらなくなりました。

このままここに留まるべきか？

それとも別の場所へ動くべきか？

引っ越しをすればそれなりの費用がかかります。

どうしたらよいかと思い悩み、葛藤する日々が続きました。

そして、暦を見ての判断!!

「この状態は、3年間は収まらない。いや、最終的にはもっと時間がかかるだろう」というのが私自身の答えでした。

青山から引っ越すことを決意。都内で探す物件には、まず「土」あるところ、そして高速道路にすぐ乗れるところという厳しい条件。

幸いにも、この条件にぴったりの物件が見つかり、２０２０年6月22日に引っ越しをしたのでした。


コロナ禍でも鑑定するにあたり、私はマスクを外していました。マスクをすると滑舌が悪くなり、お客様が私の声を聞きづらくなってしまうからでした。

けれども最大の問題は、私自身が重度のアレルギーを持っているため、〝ワクチン〟を打てないことでした。

知り合いの医師に相談しましたが、私の場合は遅延型アレルギーのため、入院したうえでワクチンを打つ必要があったのです。「それでもまったくリスクがないわけではない」といわれたため、私はワクチンを打たない選択をしました。

この難局を乗りきるために、大地からの〝パワー〟を、〝土〟の力を借りたのです。

窓を開いて、空気を入れて、風を通して、家庭菜園も作りました。なす、きゅうり、モロへイヤなどを作って、そのパワーを借りたのです。

それと同時に、茨城県の事務所も全面改装しました。「コロナ禍が収まるのには3年かかるかもしれない。いや、一時収まる兆しが出るけれど、その後2年くらいは……？」と思ったからです。その結果、1年、2年、3年と続けて鑑定に来られていた方々は、全員がコロナにかかることなく、日々の生活を健やかに過ごされました。

コロナ禍が始まって5類感染症に移行するまでの約3年間。世の中の流れは大きく変わりました。その中でも方位の力を信じて、お店をオープンしたり、病院を開院したり、引っ越しをしたりして、幸せをつかんでいかれた方々。皆様の思いに、心からの感謝をお伝えしたいと思っています。

そして、こうした私の気持ちを汲み取り、一冊にまとめてくださった出版社の方々にも、御礼申し上げます。

また、この本を最後までお読みくださった皆様、ありがとうございました。

最後に、私の大好きな言葉をお送りしたいと思います。

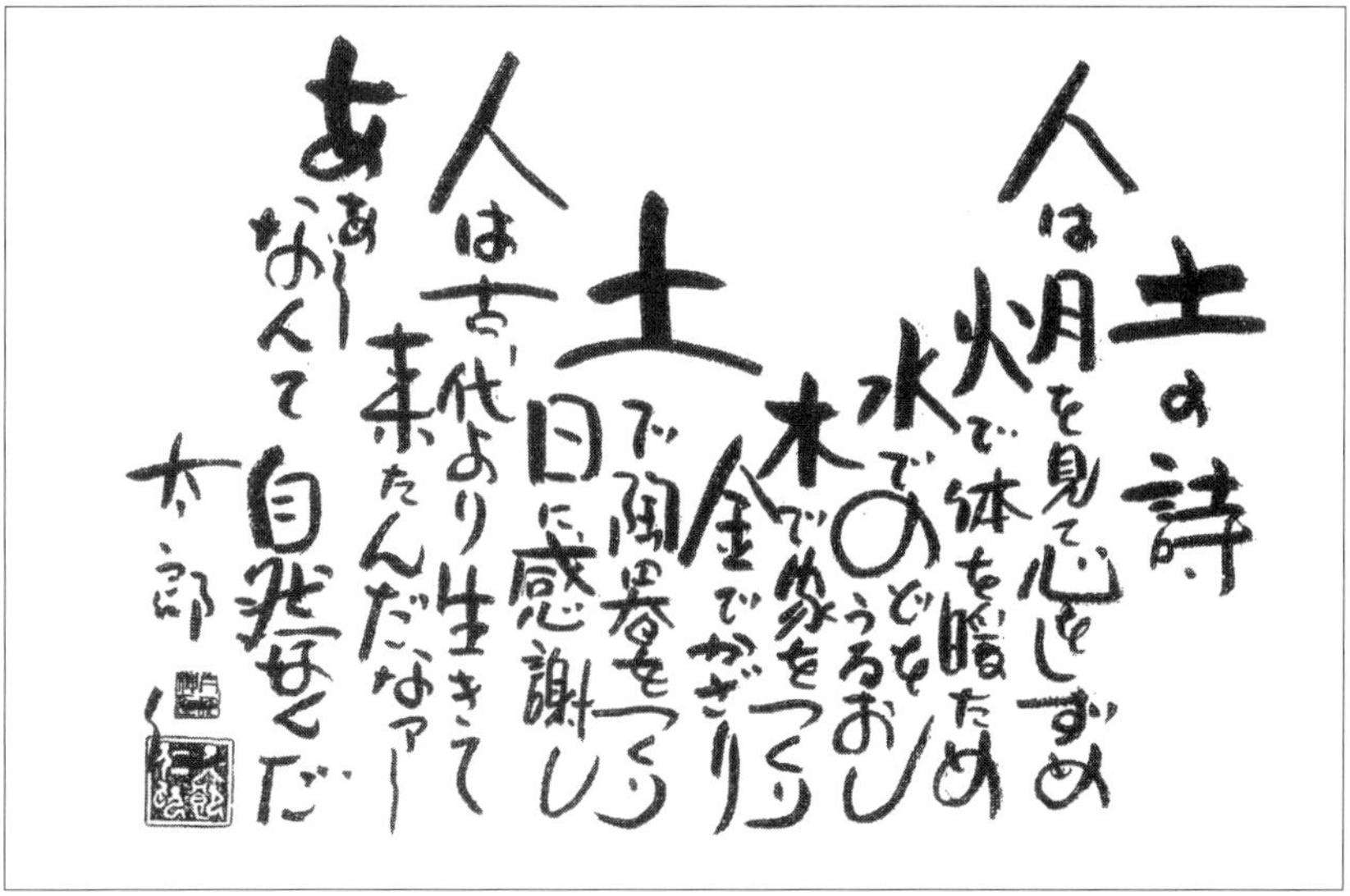
土の詩
人は畑を見て心をしずめ
火で体を暖ため
水でのどをうるおし
木で家をつくり
金でかざり
土で陶器をつくり
日に感謝し
人は古代より生きて来たんだなァー
あーなんて自然なんだ
太郎

2023年9月吉日

「大開運」方位学鑑定家　柴山壽子

◆プロフィール

柴山 壽子（しばやま・ひさこ）

方位学鑑定家

茨城県土浦市生まれ。

飲食店を営む母とサラリーマンの父、弟、妹の５人家族の中で育つ。

家族に不幸が重なり、実家が凶相であったことや、自分自身の度重なる引っ越しが悪い方角を選んでいたことを知る。愕然とするも、「方位学」の力を実感する。その後、研鑽を積みながら鑑定を始める。

お金ゼロ、人脈ゼロの状態から「方位学」に合った方角に事務所を構えて鑑定家として活動。すぐに評判を呼び、多くの経営者、一般の人が詰めかけるようになる。

現在は、経営者150人以上に顧問として経営相談や、赤字続きの飲食店の立て直し、開運法も授けている。

単に占いによるアドバイスのみならず、健康、不動産鑑定など、実務的な面でのサポートにも定評がある。また、明るくユーモアのある人柄は、相談者を惹きつけてやまない。

著書に、『儲かる社長の方位のルール』（幻冬舎）、『開運したくない方はお読みにならないでください』（大開運）、『動運方位学』（ごま書房新社）、『つよく賢く生きるための 女性の教科書』（ごま書房新社）、他多数。

企画協力　株式会社天才工場　吉田 浩
編集協力　福元 美月
執筆協力　「cosmic flow」岡田 光津子
組　　版　株式会社プロ・アート
図　　版　株式会社プロ・アート
装　　幀　華本 達哉（aozora.tv）
校　　正　北谷 みゆき

方位のパワーで大開運

2024 年 2 月 10 日　第 1 刷発行

著　者　　柴山 壽子
発行者　　松本 威
発　行　　合同フォレスト株式会社
郵便番号　184-0001
東京都小金井市関野町 1-6-10
電話 042（401）2939　FAX 042（401）2931
振替 00170-4-324578
ホームページ　https://www.godo-forest.co.jp
発　売　　合同出版株式会社
郵便番号　184-0001
東京都小金井市関野町 1-6-10
電話 042（401）2930　FAX 042（401）2931
印刷・製本　株式会社シナノ

ISBN 978-4-7726-6247-5　NDC 159　188×130

合同フォレスト
ホームページ

合同フォレストSNS

facebook　Instagram　X　YouTube